Windows10 + 블로그

KB138949

Section	1	Windows 10 시작하기	2
Section	2	바탕 화면 설정하기	6
Section	3	작업 표시줄 설정하기	10
Section	4	파일 탐색기 살펴보기	14
Section	5	파일 및 폴더 관리하기	18
Section	6	파일 압축 및 파일 찾기	24
Section	7	디스크 관리하기	30
Section	8	외부 장치 추가하기	36
Section	9	사용자 계정 추가하기	42
Section	10	네트워크 정보 확인하기	48
Section	11	파일 및 폴더 공유하기	54
Section	12	메일 앱 활용하기	60
Section	13	Microsoft Edge 브라우저 활용하기	66
Section	14	Internet Explorer 11 브라우저 활용하기	74
Section	15	OneNote 앱 활용하기	80
Section	16	블로그 시작하기	86
Section	17	블로그 기본정보 설정하기	92
Section	18	블로그 레이아웃과 위젯 설정하기	98
Section	19	리모컨으로 세부 디자인 설정하기	104
Section	20	포스트 쓰기 및 이웃 블로그 방문하기	112

Windows 10 시작하기

S·e·c·t·i·o·n

Windows 10은 Windows 7의 시작메뉴와 Windows 8.1의 시작화면의 장점을 결합하여 출시된 최신 버전입니다. Windows 8부터 시작메뉴가 사라져서 사용자들에게 불편을 초래하였고, 시작메뉴를 추가해달라는 사용자들의 요구가 빗발쳐 Winodws 10에서는 시작메뉴가 새롭게 변경되었습니다.

01 시작메뉴 살펴보기 ★

1 Windows 10이 설치된 PC를 부팅한 다음 바탕 화면 아래 작업 표시줄의 맨 왼쪽 [**시작단추**](⊞)를 클릭합니다.

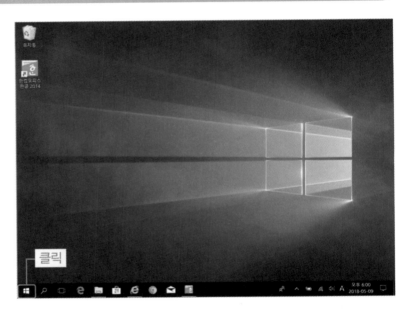

2 시작단추를 클릭하면 두 개의 화면이 나타나는데 왼쪽은 '**앱 목록**', 오른쪽은 '**시작화면**'이 나타난 것을 확인할 수 있습니다.

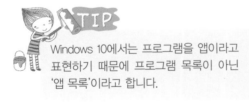

TIP

Windows 10에서는 프로그램을 앱이라고 표현하기 때문에 프로그램 목록이 아닌 '앱 목록'이라고 합니다.

Windows 10의 시작메뉴는 여러 영역으로 구분되어 있고, 각 영역의 기능과 역할을 제대로 익힌다면 Windows 10을 보다 쉽고 편리하게 사용할 수 있습니다. 아래의 그림을 통해 시작메뉴의 화면구성을 알아보도록 하겠습니다.

이름	설명
❶ 최근에 추가한 앱	최근에 설치한 앱 목록이 표시됩니다.
❷ 자주 사용되는 앱	최근에 자주 사용했던 앱 목록이 표시됩니다.
❸ 앱 목록	시스템에 설치된 모든 앱이 목록에 표시됩니다.
❹ 사용자 계정	현재 사용자의 계정 설정 변경, 잠금, 로그아웃을 설정합니다.
❺ 파일 탐색기	Windows 파일 탐색기 창을 활성화합니다.
❻ 설정	Windows와 관련된 다양한 설정을 관리할 수 있는 대화상자를 활성화합니다.
❼ 전원	시스템을 종료하거나 절전모드, 업데이트 및 다시 시작할 수 있습니다.
❽ 시작단추	원하는 작업을 수행하기 위해 시작메뉴를 활성화합니다.

1 Windows 10에서는 다양한 방법으로 앱을 실행할 수 있습니다. 메모장을 실행하기 위해 **[시작단추]**(⊞)를 클릭한 후 앱 목록의 스크롤 막대를 이용하여 알파벳 'W' 영역까지 이동합니다.

2 Windows 보조프로그램을 선택하면 해당 그룹에 포함된 앱 목록이 표시됩니다. 메모장을 클릭하면 해당 앱이 실행된 것을 확인할 수 있습니다.

3 다른 방법으로 메모장을 실행하기 위해 **[Windows 검색]**(🔍) 아이콘을 클릭한 후 입력창에 **"메모장"**을 입력하고 **Enter** 를 누릅니다.

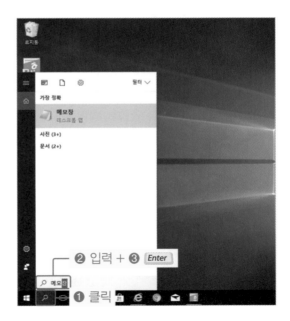

01 작업 표시줄의 시작단추를 이용하여 Windows 10을 다시 시작해 보세요.

02 작업 표시줄의 검색 아이콘을 이용하여 '계산기' 앱을 실행해 보세요.

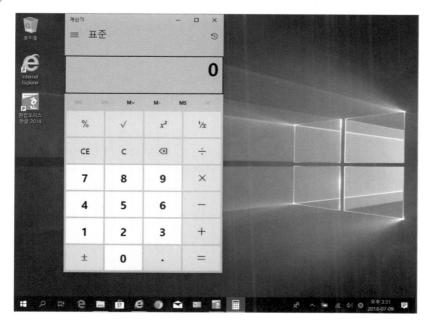

02 바탕 화면 설정하기

S·e·c·t·i·o·n

이번 장에서는 Windows 10의 바탕 화면에 바로가기 아이콘을 추가하거나 배경을 지정하는 방법에 대해 알아보겠습니다.

01 바탕 화면에 바로가기 아이콘 추가하기 ★

1 바탕 화면에 자주 사용하는 인터넷 익스플로러를 추가하기 위해 **[시작 단추]**(⊞)를 클릭한 후 스크롤 막대를 이용하여 **[Windows 보조프로그램]**을 클릭합니다.

2 [Internet Explorer] 앱에 마우스 오른쪽 단추를 클릭한 후 **[자세히]**–**[파일 위치 열기]**를 선택합니다.

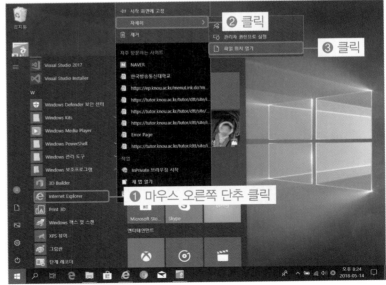

③ 파일 탐색기 창이 열리면 [Internet Explorer] 앱이 선택된 상태로 마우스 오른쪽 단추를 클릭하여 [**보내기**]-[**바탕 화면에 바로 가기 만들기**]를 선택합니다.

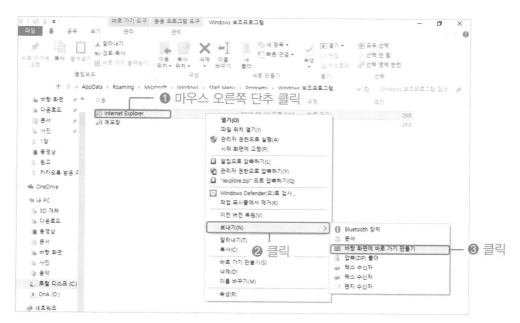

④ 바탕 화면에 '**Internet Explorer**' 바로가기 아이콘이 추가된 것을 확인합니다.

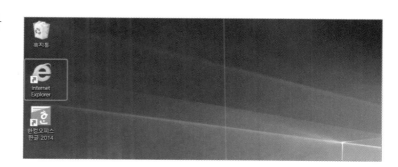

02 | 바탕 화면의 배경 지정하기 ★

① 바탕 화면의 배경을 변경하기 위해 바탕 화면에서 마우스 오른쪽 단추를 클릭한 후 [**개인설정**]을 선택합니다.

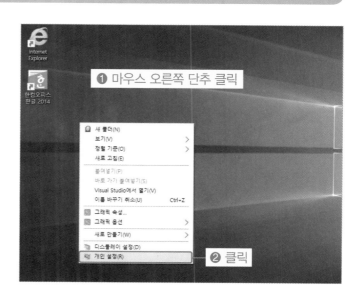

② [설정] 대화상자에서 [배경]을 클릭한 후 3
가지 옵션 중 '사진'을 선택합니다.

③ [사용자 사진 선택] 목록 중에서 마
음에 드는 사진을 선택한 후 종료
(×)를 클릭합니다.

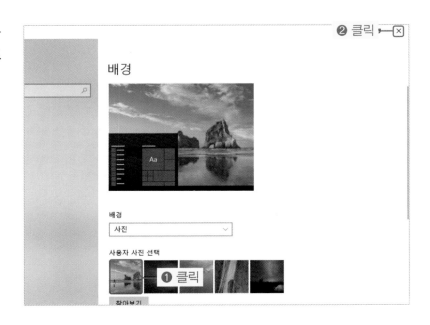

④ 바탕 화면의 배경이 변경된 것을 확인합니다.

셀프 테스트

01 바탕 화면에 '그림판' 앱을 바로가기 아이콘으로 추가해 보세요.

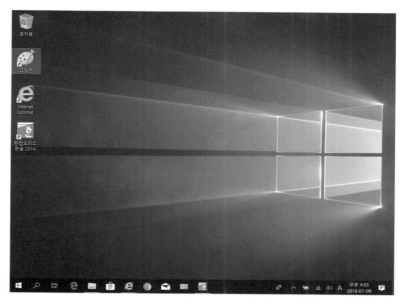

02 바탕 화면의 배경을 아래와 같이 설정해 보세요.

03 작업 표시줄 설정하기

S·e·c·t·i·o·n

이번 장에서는 Windows 10의 작업 표시줄에 프로그램 앱을 고정하거나 작업 표시줄의 속성을 변경하는 방법에 대해 알아보겠습니다.

01 작업 표시줄에 앱 고정하기 ★

1 작업 표시줄에 자주 사용하는 앱을 고정하기 위해 **[시작단추]**(⊞)를 클릭한 후 스크롤 막대를 조절하여 **[Windows 시스템]**을 클릭합니다.

2 **[제어판]** 앱에 마우스 오른쪽 단추를 클릭한 후 **[자세히]**-**[작업 표시줄에 고정]**을 선택합니다.

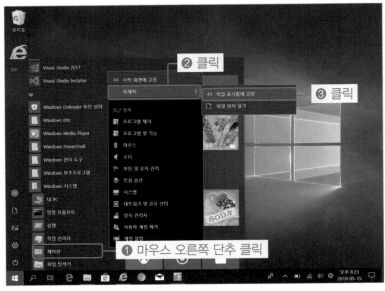

③ 바탕 화면의 작업 표시줄에 **[제어판]** (🖥) 앱이 고정된 것을 확인한 후 마우스로 클릭합니다.

④ [제어판] 앱이 실행된 것을 확인합니다.

02 작업 표시줄 속성 변경하기 ★

① 작업 표시줄의 빈 영역에 마우스 오른쪽 단추를 클릭한 후 **[작업 표시줄 잠금]**을 선택하여 해제합니다. **[작업 표시줄 잠금]** 앞에 체크가 되어있으면 속성을 변경할 수 없습니다.

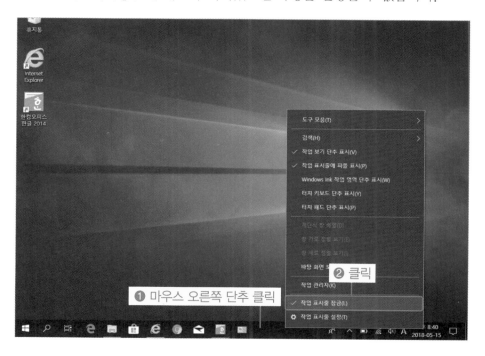

2 작업 표시줄의 빈 영역을 마우스로 드래그하여 바탕 화면의 오른쪽으로 이동합니다.

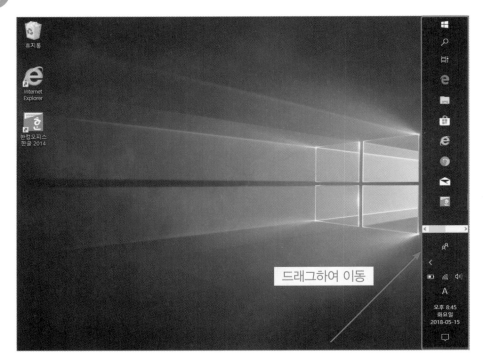

3 작업 표시줄에 여러 앱을 고정하려면 작업 표시줄의 크기를 변경해야 합니다. 작업 표시줄의 경계선에 마우스를 대고 마우스 포인터 모양이 상하(↕)로 바뀌게 되면 드래그하여 크기를 조절합니다.

4 작업 표시줄의 크기가 변경된 것을 확인합니다.

셀프 테스트

01 작업 표시줄에 아래와 같이 '날씨' 앱을 고정해 보세요.

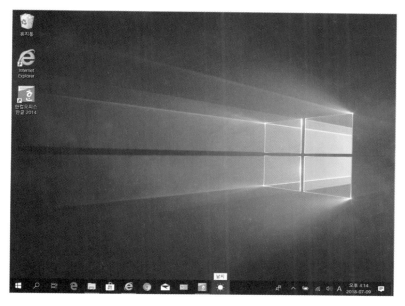

02 작업 표시줄을 아래와 같이 바탕 화면의 상단에 위치시켜 보세요.

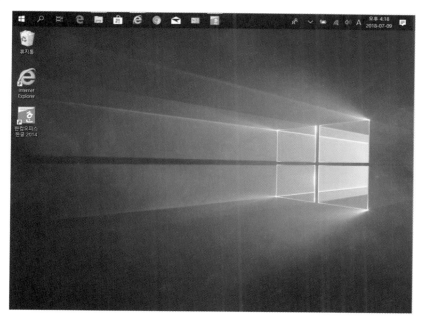

04 파일 탐색기 살펴보기

S·e·c·t·i·o·n

이번 장에서는 Windows 10에서 파일 탐색기를 실행하는 방법과 파일 탐색기의 창 크기 및 위치를 조절하는 방법에 대해 알아보겠습니다.

01 파일 탐색기 실행하기

1 파일 탐색기를 실행하기 위해 작업 표시줄의 **[파일 탐색기]**(📁) 아이콘을 클릭하면 파일 탐색기 창이 열립니다.

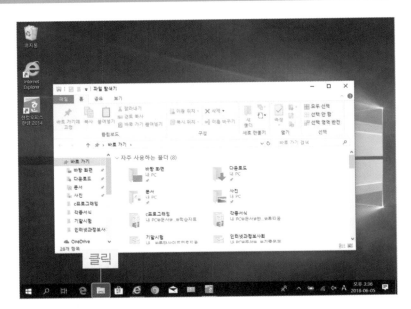

2 바로가기 메뉴에서 파일 탐색기를 실행하려면 **[시작단추]**(⊞)에서 마우스 오른쪽 단추를 누른 후 **[파일 탐색기]**를 클릭하면 파일 탐색기 창이 열립니다.

1 파일 탐색기 창의 크기를 화면에 꽉 찬 형태로 조절하려면 **[최대화]**(□) 아이콘을 클릭합니다.

2 파일 탐색기 창의 크기를 원래대로 되돌리려면 (🗗) 아이콘을 클릭합니다.

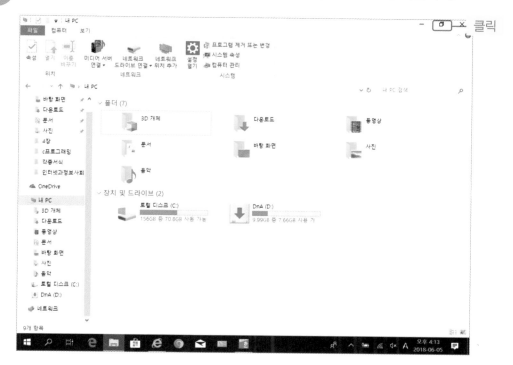

3 파일 탐색기 창의 크기를 원하는 형태로 조절하려면 창의 테두리에 마우스를 대고 마우스 포인터가 상하 (↕) 또는 좌우(↔)로 바뀌면 드래그하여 늘리거나 줄입니다.

4 파일 탐색기 창의 위치를 좌측으로 이동하기 위해 창의 맨 윗 부분을 마우스로 클릭한 채 화면의 좌측 끝까지 드래그하면 파일 탐색기 창이 화면의 좌측에 고정되고 우측에는 작업 중인 다른 앱들이 표시됩니다.

셀프 테스트

01 파일 탐색기 창을 아래와 같이 두 개가 나타나도록 실행해 보세요.

TIP

파일 탐색기 창이 실행된 상태에서 추가로 파일 탐색기 창을 실행하려면 [시작단추]에서 마우스 오른쪽 단추를 이용하거나 단축키 (⊞+E)를 이용하는 방법이 있습니다.

02 파일 탐색기 창을 아래와 같이 우측에 위치해 보세요.

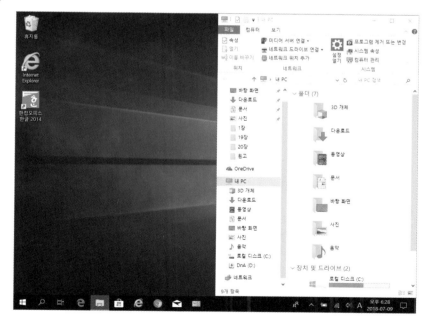

파일 및 폴더 관리하기

S·e·c·t·i·o·n

이번 장에서는 새 폴더를 추가하거나 폴더 이름을 변경하는 방법, 파일을 삭제하거나 복원하는 방법, 파일을 복사하거나 이동하는 방법에 대해 알아보겠습니다.

01 새 폴더 추가 및 이름 바꾸기 ★

1 파일 탐색기 창에서 새 폴더를 추가하기 위해 리본 메뉴의 **[새 폴더]** ( )를 클릭하거나 단축키 `Ctrl` + `Shift` + `N` 을 누릅니다.

2 새 폴더가 추가된 것을 확인할 수 있습니다.

③ 폴더의 이름을 변경하기 위해 폴더가 선택된 상태에서 리본 메뉴의 **[이름 바꾸기]**(⬚)를 클릭하거나 단축키 **F2** 를 누릅니다.

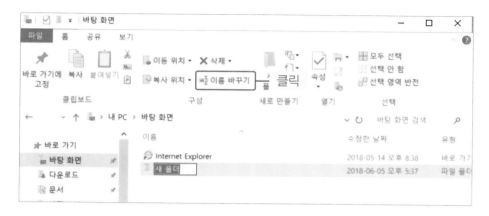

④ "**윈도우10**"이라고 입력한 후 **Enter** 를 누르거나 빈 영역을 클릭하여 빠져나옵니다.

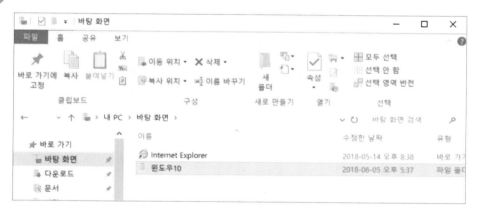

02 파일 삭제 및 복원하기 ★

① 불필요한 파일을 삭제하기 위해 해당 파일을 선택한 후 리본 메뉴의 **[삭제]**(✕) 또는 단축키 **Delete** 를 누릅니다. 파일을 완전히 삭제하려면 드롭다운 버튼을 클릭 후 **[완전히 삭제]** 또는 단축키 **Shift** + **Delete** 를 누릅니다.

TIP
파일을 삭제하면 휴지통으로 이동되어 복원이 가능하지만 파일을 완전히 삭제하면 복원이 되지 않으므로 주의해야 합니다.

② 파일이 삭제된 것을 확인할 수 있습니다.

③ 삭제된 파일을 복원하기 위해 바탕 화면의 휴지통을 실행한 후 복원하고자 하는 파일을 선택한 다음 **[선택한 항목 복원]( )**을 클릭합니다.

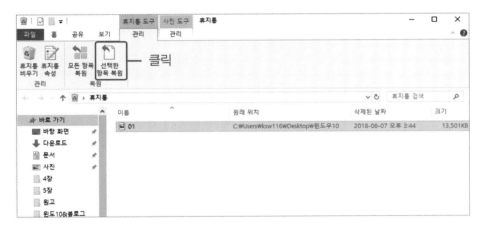

④ 삭제된 파일이 복원되어 원래의 폴더로 이동된 것을 확인할 수 있습니다.

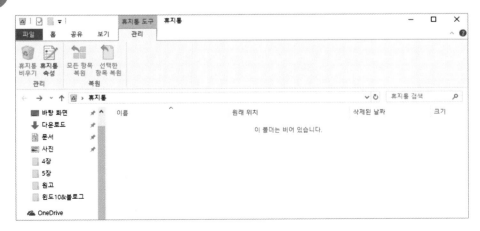

03 파일 복사 및 이동하기 ★

1 복사하고자 하는 파일을 선택한 후 리본 메뉴의 **[복사]**(📋)를 클릭하거나 단축키 `Ctrl` + `C` 를 누릅니다.

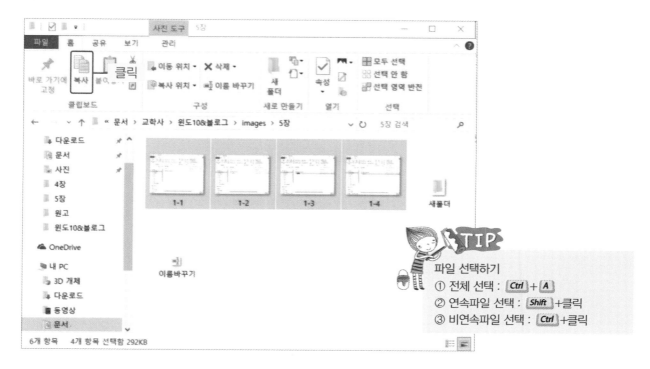

2 복사할 폴더 안에서 **[붙여넣기]**(📋)를 클릭하거나 단축키 `Ctrl` + `V` 를 누르면 파일이 복사된 것을 확인할 수 있습니다.

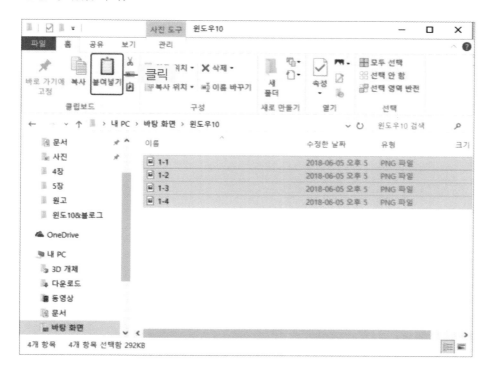

③ 이번에는 파일을 이동하기 위해 이동하려는 파일을 선택한 후 **[잘라내기]**(✂)를 클릭하거나 단축키 **Ctrl** + **X** 를 누릅니다.

④ 이동할 폴더 안에서 **[붙여넣기]**(📋) 또는 단축키 **Ctrl** + **V** 를 누르면 파일이 이동한 것을 확인할 수 있습니다.

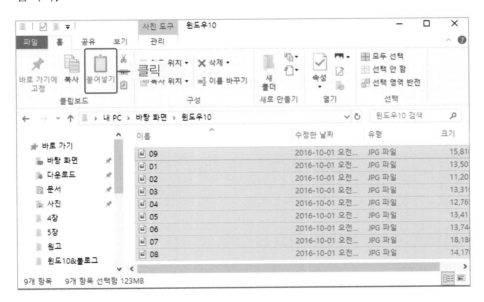

셀프 테스트

• 준비파일 : 셀프테스트〉5장.hwp

01 바탕 화면에 새 폴더를 추가한 후 '교육자료'라는 이름으로 폴더 이름을 변경해 보세요.

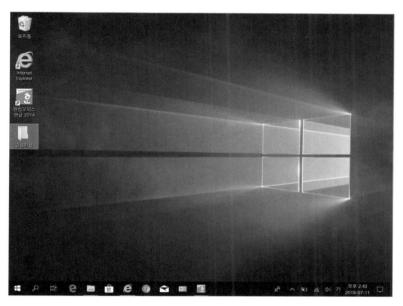

02 셀프테스트의 '5장' 폴더 안의 파일들을 바탕 화면의 '교육자료' 폴더 안에 복사해 보세요.

06
S·e·c·t·i·o·n

파일 압축 및 파일 찾기

이번 장에서는 파일을 압축하고 압축된 파일을 푸는 방법, 원하는 파일을 쉽게 찾는 방법에 대해 알아보겠습니다.

01 파일 압축하기 ★

1 파일 탐색기에서 파일을 압축하기 위해 압축할 파일들을 모두 선택한 후 **[공유]** 탭-**[압축(ZIP)]**( )을 클릭합니다.

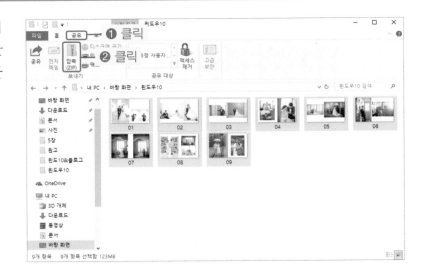

2 압축이 완료되면 압축파일명을 입력한 후 압축파일이 생성된 것을 확인합니다.

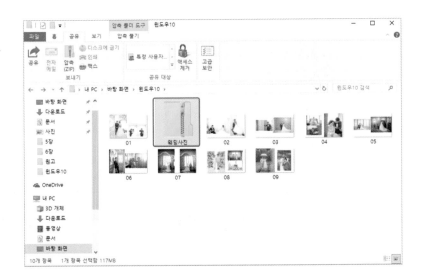

02 압축파일 풀기

1 압축파일을 풀기 위해 압축파일을 선택한 후 **[압축 풀기]** 탭-**[압축 풀기]**( )를 클릭합니다.

> **TIP**
>
> PC에 별도의 압축 프로그램이 설치되어 있는 경우에는 활성화가 안될 수도 있습니다. 이럴 경우 압축파일이 선택된 상태에서 마우스 오른쪽 단추를 클릭한 후 '여기에 압축 풀기'를 선택하여 압축을 해제합니다.

2 **[압축 폴더 풀기]** 대화상자에서 다른 경로에 압축파일을 풀려면 **[찾아보기]**를 클릭합니다. 여기서는 현재 폴더에 압축파일을 풀기 위해 **[압축 풀기]**를 클릭합니다.

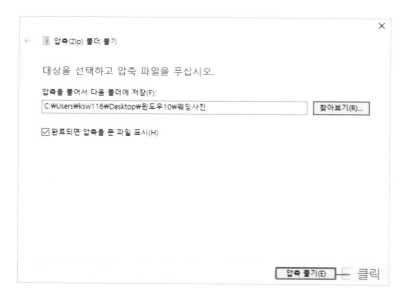

3 현재 폴더에 압축파일 풀기가 진행되는 것을 확인할 수 있습니다.

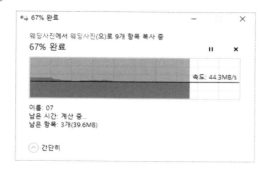

④ 압축파일 풀기가 완료되면 파일들이 포함된 새로운 폴더가 생성된 것을 확인할 수 있습니다.

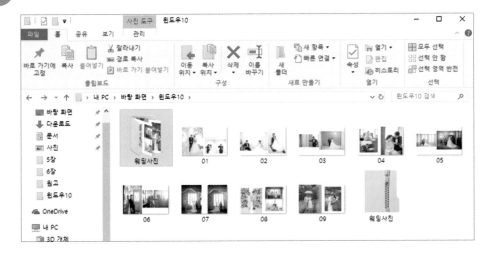

03 파일 찾기 ★

① 파일명으로 원하는 파일을 찾기 위해 파일 탐색기의 검색 창을 클릭합니다.

② 파일명을 입력하면 검색결과에 해당 파일명이 포함된 파일이 검색된 것을 확인할 수 있습니다.

③ 이번에는 파일 유형이 **'사진'**에 해당하는 것만 찾기 위해 파일 탐색기의 검색 창에 마우스를 클릭한 후 **[검색]** 탭-**[종류]**-**[사진]**을 선택합니다.

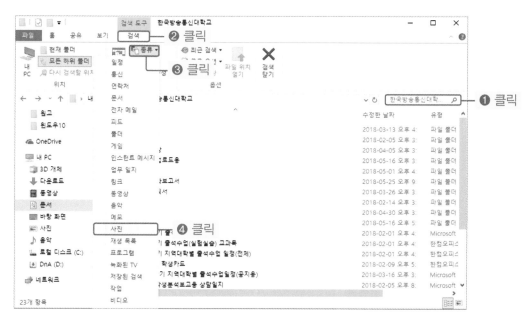

④ 검색 결과에서 파일 유형이 **'사진'**에 해당하는 파일만 검색이 된 것을 확인할 수 있습니다.

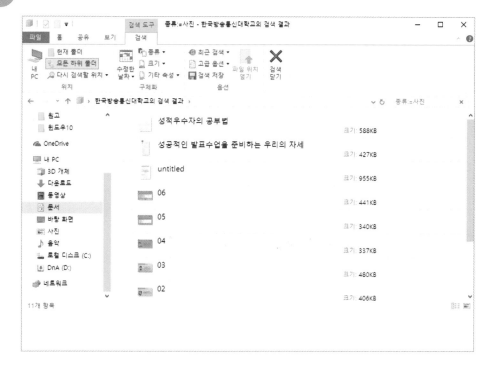

셀프 테스트

01 셀프테스트의 '6장' 폴더 안의 파일들을 '실습'이라는 이름으로 압축해 보세요.

02 실습 압축파일을 바탕 화면의 '교육자료' 폴더 안에 압축풀기를 해 보세요.

• 준비파일 : 셀프테스트)6장.hwp

 파일 탐색기의 검색 창을 이용하여 '빅데이터' 파일을 찾아 보세요.

 파일 탐색기의 검색 메뉴에서 종류를 '사진'으로 설정한 후 '모나리자' 파일을 찾아보세요.

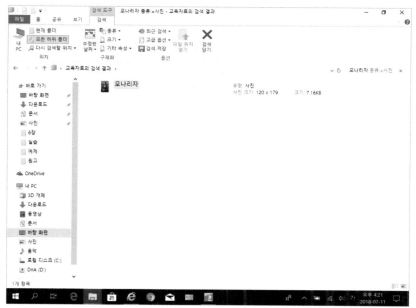

디스크 관리하기

S·e·c·t·i·o·n 07

이번 장에서는 하드디스크의 저장 공간을 확인하는 방법과 불필요한 파일들을 삭제하여 하드디스크의 여유공간을 확보하고 드라이브 조각 모음 및 최적화를 통해 시스템의 성능을 높여주는 방법에 대해 알아보겠습니다.

01 하드디스크의 저장 공간 확인하기 ★

1 하드디스크의 저장 공간을 확인하기 위해 [**시작단추**](▦)를 클릭한 후 [**설정**](⚙)을 클릭합니다.

2 [Windows **설정**] 창에서 [**시스템**](💻)을 선택합니다.

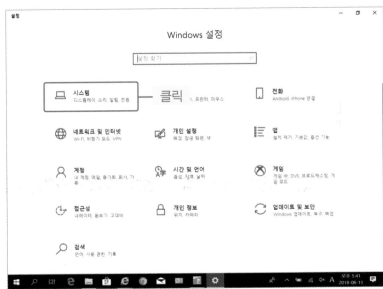

③ [시스템]의 하위 목록 중 [저장 공간](▭)을 클릭한 후 우측의 로컬 저장소의 용량을 확인한 다음 공간을 차지하고 있는 세부 항목들을 확인하기 위해 [내 PC (C:)]를 선택합니다.

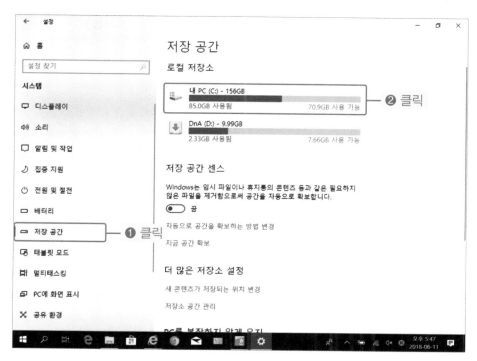

④ [내 PC (C:)] 드라이브에서 가장 많은 공간을 차지하고 있는 항목 순으로 정렬된 것을 확인할 수 있습니다.

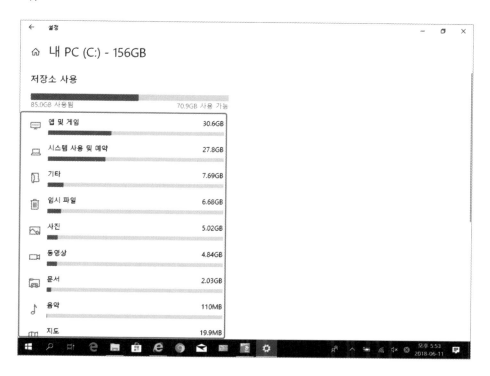

① 불필요한 파일들을 삭제하여 하드디스크를 정리하기 위해 작업 표시줄의 **[검색]**(🔍)을 클릭한 후 검색 창에 **"디스크 정리"**라고 입력하면 **[디스크 정리]** 앱이 검색됩니다. **[디스크 정리]** 앱을 클릭합니다.

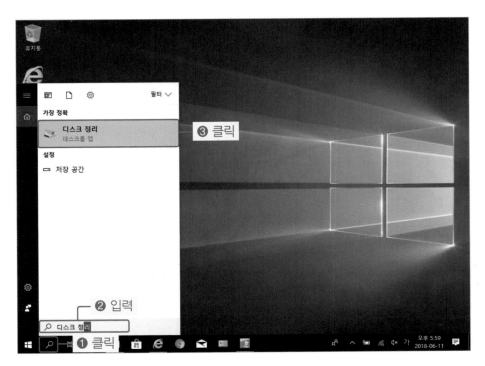

② **[디스크 정리 : 드라이브 선택]** 대화상자가 나타나면 C 드라이브를 선택한 후 **[확인]**을 클릭합니다.

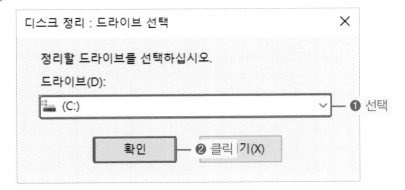

③ **[디스크 정리]** 대화상자에서 **[삭제할 파일]** 중 '**임시 인터넷 파일**'을 선택하고 **[확인]**을 클릭합니다.

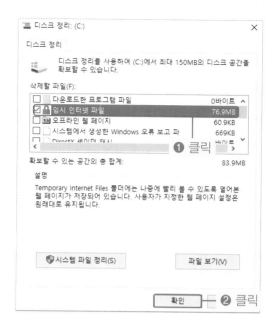

④ 파일을 삭제할 것인지 묻는 메시지 창이 나오면 **[파일 삭제]**를 클릭하여 디스크 정리를 시작합니다.

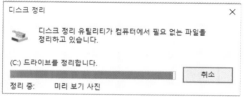

03 드라이브 조각 모음 및 최적화하기 ★

① 작업 표시줄의 **[검색]**()을 클릭한 후 검색 창에 "**조각**"이라고 입력한 다음 **[드라이브 조각 모음 및 최적화]** 앱을 클릭합니다.

2 **[드라이브 최적화]** 대화상자에서 C 드라이브를 최적화하기 위해 **(C:)**를 선택한 후 **[최적화]**를 클릭합니다.

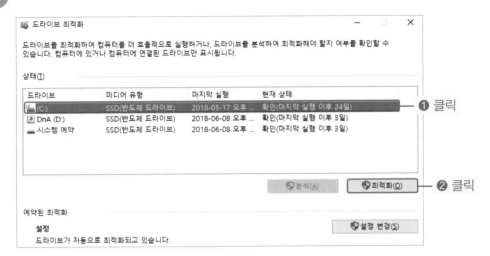

3 C 드라이브의 최적화를 시작합니다.

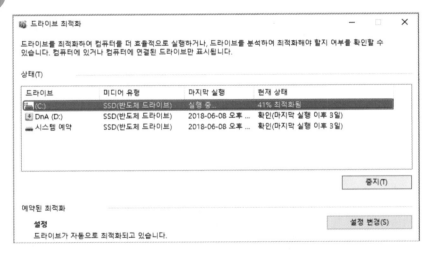

4 C 드라이브의 최적화가 완료된 것을 확인할 수 있습니다.

셀프 테스트

01 시작단추의 [설정]-[시스템]을 이용하여 하드디스크의 저장 공간을 확인해 보세요.

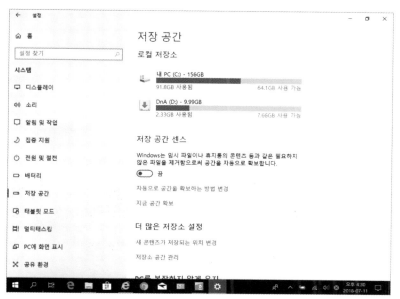

02 [드라이브 조각 모음 및 최적화] 앱을 이용하여 C 드라이브를 최적화해 보세요.

08 Section 외부 장치 추가하기

이번 장에서는 프린터나 블루투스 기기와 같은 외부 장치를 추가하는 방법에 대해 알아보겠습니다.

01 프린터 추가하기 ★

1 PC에 연결된 프린터를 추가하기 위해 **[시작단추](⊞)**를 클릭한 후 **[설정](⚙)**을 클릭합니다.

2 **[Windows 설정]** 창에서 **[장치](🖥)**를 선택합니다.

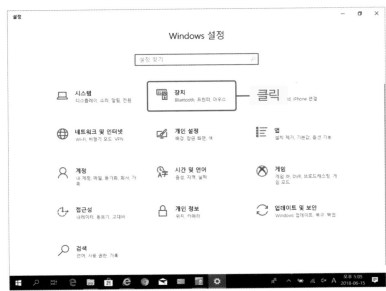

③ 프린터를 추가하기 위해 [장치] 목록 중 [프린터 및 스캐너]를 선택한 후 [프린터 또는 스캐너 추가]를 클릭합니다(이 때, 추가할 프린터의 USB가 PC에 연결되어 있어야 합니다.).

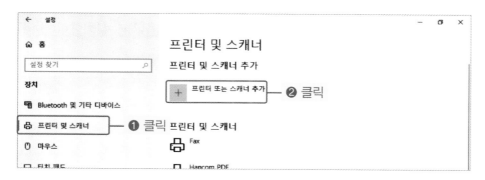

④ PC에 연결된 프린터가 자동으로 검색되면 [장치 추가]를 클릭합니다.

⑤ 프린터 추가를 위해 드라이버가 자동으로 설치되는 것을 확인합니다.

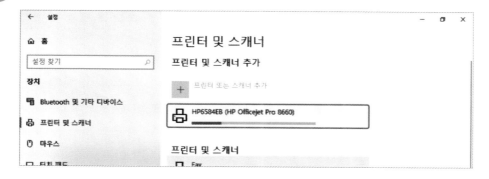

⑥ 프린터 추가가 완료되면 추가된 프린터가 준비 상태로 표시된 것을 확인할 수 있습니다.

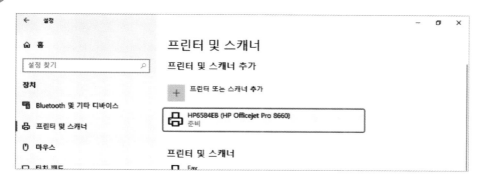

1 PC에 블루투스 기기를 추가하기 위해 [**시작단추**](■)를 클릭한 후 [**설정**](⚙)을 클릭합니다.

> **TIP**
>
> 노트북이나 태블릿 PC는 기본적으로 블루투스 기능을 지원하지만 데스크탑 PC는 블루투스 기능을 지원하지 않을 수도 있습니다. 이 경우 블루투스 동글을 사용하여 블루투스 기능을 지원받을 수 있습니다.

2 [**Windows 설정**] 창에서 [**장치**](▦)를 선택합니다.

3 블루투스 기기를 검색하기 위해 '**Bluetooth**'가 켜져있는지 확인합니다.

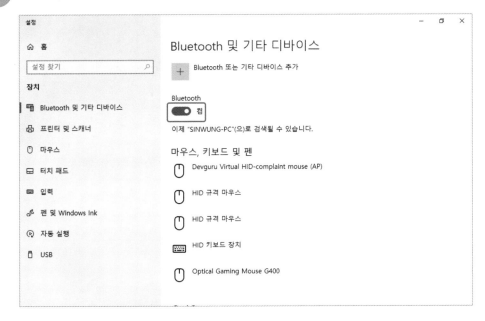

④ [Bluetooth 또는 기타 디바이스 추가]를 클릭
하여 추가할 블루투스 기기를 검색합니다.

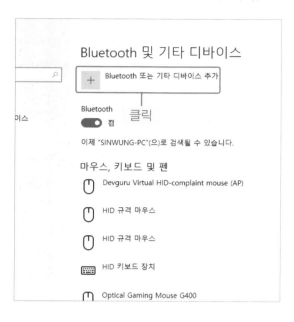

⑤ [디바이스 추가] 대화상자에서 [Bluetooth]를
클릭합니다.

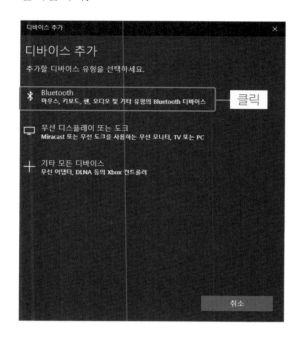

⑥ 연결할 블루투스 기기가 검색되면 해당 기기
를 클릭합니다.

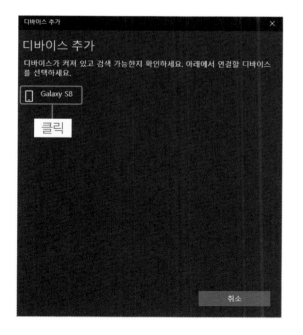

⑦ PC와 블루투스 기기 간에 PIN번호가 일치하
면 [연결]을 클릭합니다.

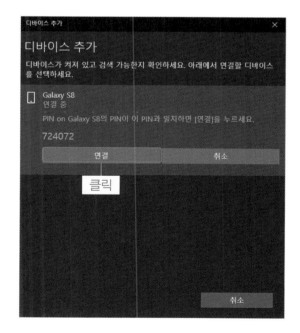

8 블루투스 기기가 사용할 준비가 되었다는 메시지를 확인할 수 있습니다. 여기에서는 노트북과 스마트폰을 블루투스로 연결해 보았습니다.

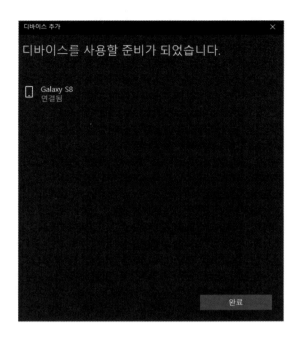

9 이번에는 추가된 블루투스 기기를 제거하기 위해 Bluetooth 및 기타 디바이스의 **[장치 제거]**를 클릭한 후 '이 장치를 제거할까요?' 메시지가 나오면 **'예'**를 클릭합니다.

10 블루투스 기기가 정상적으로 제거된 것을 확인할 수 있습니다.

01 시작단추의 설정 항목 중 장치 기능을 이용하여 현재 사용하고 있는 휴대폰이나 기타 블루투스 기기를 추가해 보세요.

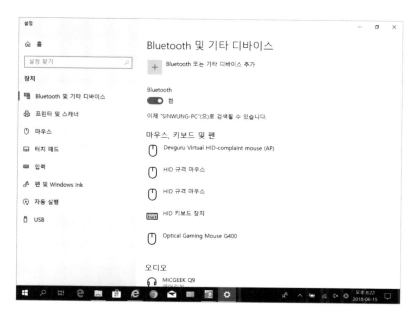

02 연결된 블루투스 기기를 '장치 제거'를 이용하여 정상적으로 제거해 보세요.

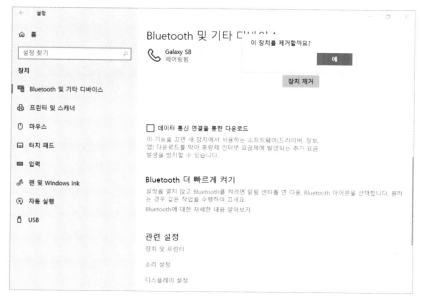

09 사용자 계정 추가하기

S·e·c·t·i·o·n

이번 장에서는 Windows 10에서 여러 명의 사용자들이 한 대의 컴퓨터를 서로 독립적으로 사용하기 위해 사용자 계정을 추가하는 방법과 다른 계정으로 로그인하는 방법에 대해 알아보겠습니다.

01 사용자 계정 추가하기 ★

1 사용자 계정을 추가하기 위해 [**시작단추**](▦)를 클릭한 후 [**설정**](⚙)을 클릭합니다.

2 [**Windows 설정**] 창에서 [**계정**](⑧)을 선택합니다.

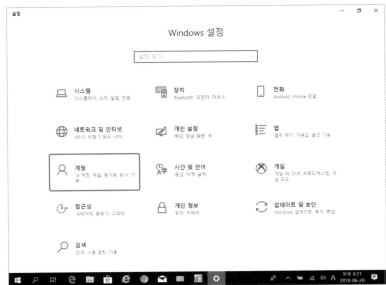

③ 계정 목록 중 **[가족 및 다른 사용자]**를 선택한 후 **[이 PC에 다른 사용자 추가]**를 클릭합니다.

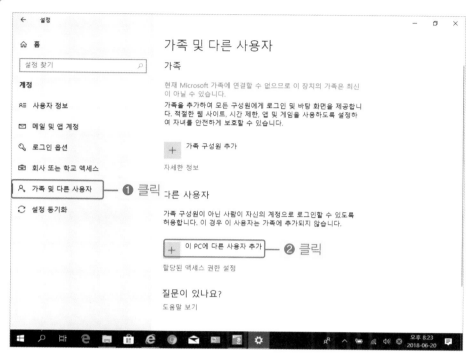

④ 여기에서는 로컬 계정을 사용하기 위해 **'이 사람의 로그인 정보를 가지고 있지 않습니다.'**를 선택합니다.

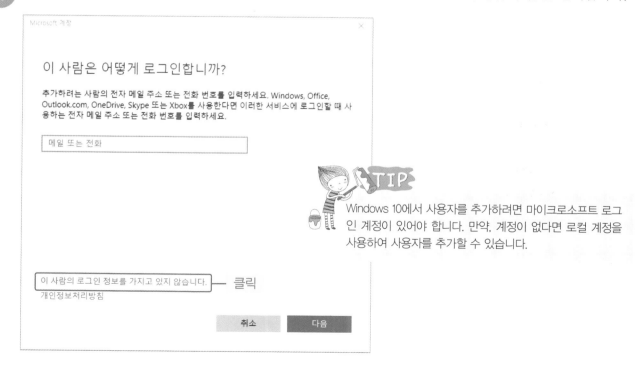

⑤ 마이크로소프트 계정 생성 대화상자에서 '**Microsoft 계정 없이 사용자 추가**'를 클릭합니다.

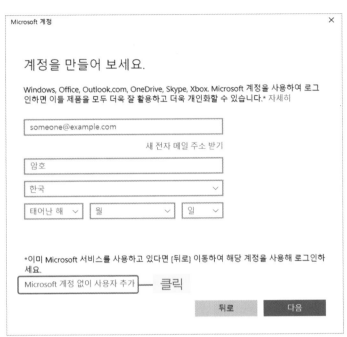

⑥ PC용 로컬 계정을 사용하기 위해 **사용자 이름, 암호, 보안 질문, 답변**을 모두 입력한 후 [**다음**]을 클릭합니다.

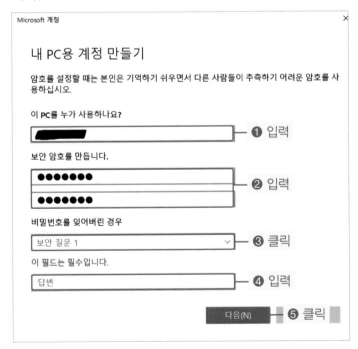

7 사용자 계정이 추가된 것을 확인합니다.

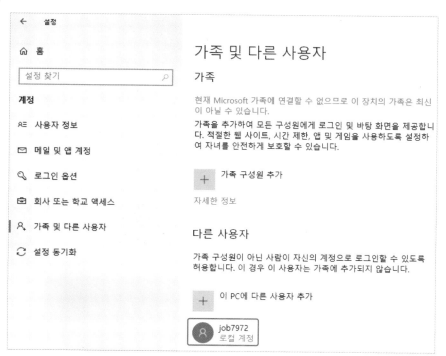

02 다른 계정으로 로그인하기 ★

1 이전에 추가한 사용자 계정으로 로그인하기 위해 **[시작단추]**(⊞)-**[사용자 계정]**(👤)을 클릭한 다음 새로운 계정을 선택합니다.

2 로그인 화면에서 사용자 계정의 암호를 입력하고 **Enter** 를 누릅니다.

3 [시작단추](⊞)-[사용자 계정](🔘)을 클릭하여 새로운 사용자 계정으로 로그인되었는지 확인합니다.

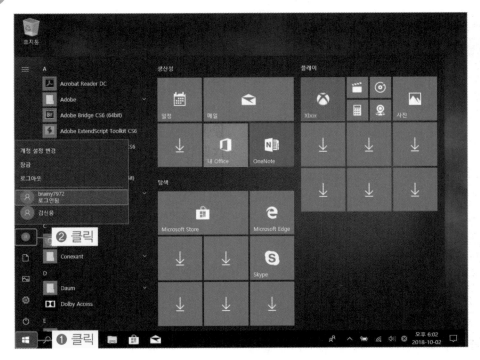

01 현재 사용 중인 PC에 다른 사용자 계정을 추가해 보세요.

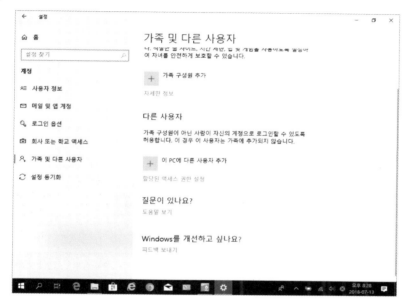

02 Windows 10 운영체제를 다른 사용자 계정으로 로그인해 보세요.

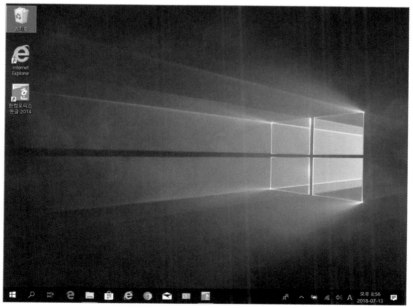

10 네트워크 정보 확인하기

S·e·c·t·i·o·n

이번 장에서는 현재 사용 중인 네트워크의 상태를 확인하는 방법과 IP주소를 확인하는 방법에 대해 알아보겠습니다.

01 네트워크 상태 확인하기 ★

1 현재 사용 중인 네트워크의 상태를 확인하기 위해 **[시작단추]**(⊞)를 클릭한 후 **[파일 탐색기]**를 선택합니다.

2 파일 탐색기 창에서 **[네트워크]**를 클릭하면 현재 네트워크로 연결된 컴퓨터를 확인할 수 있습니다.

TIP

인터넷 공유기를 사용하면 2대 이상의 PC를 하나의 네트워크로 연결할 수 있습니다.

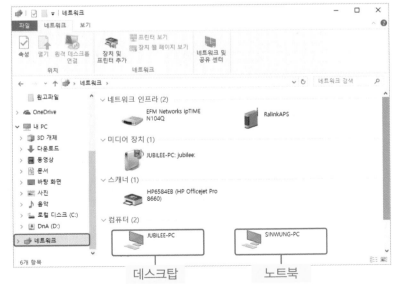

3 현재 인터넷에 연결되어 있는 네트워크의 상태를 확인하기 위해 **[네트워크 및 공유 센터]**를 클릭합니다.

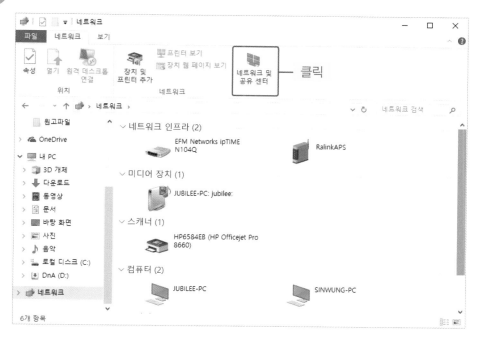

4 현재 사용하고 있는 PC의 네트워크 상태를 확인할 수 있습니다. 필자는 노트북 환경에서 무선 공유기를 사용하였기 때문에 와이파이로 연결되었지만 데스크탑의 경우 이더넷으로 표시됩니다.

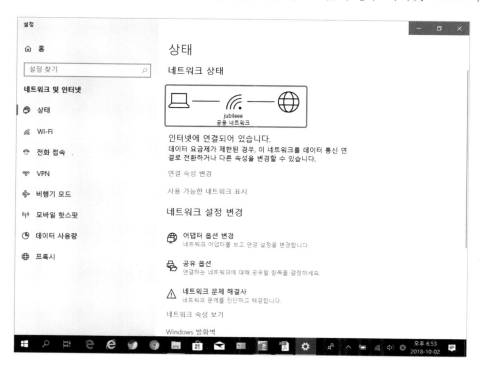

① 현재 연결된 네트워크의 IP주소를 확인하기 위해 **[연결 속성 변경]**을 클릭합니다.

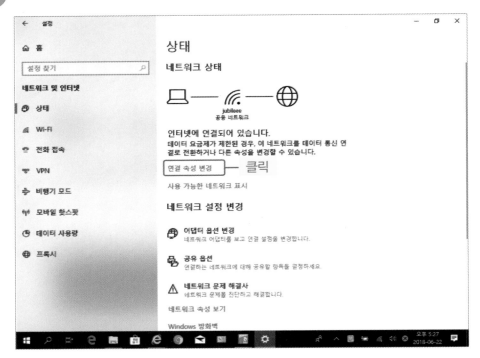

② 속성의 세부 항목 중 IPv4 주소가 해당 네트워크의 IP주소임을 확인할 수 있습니다.

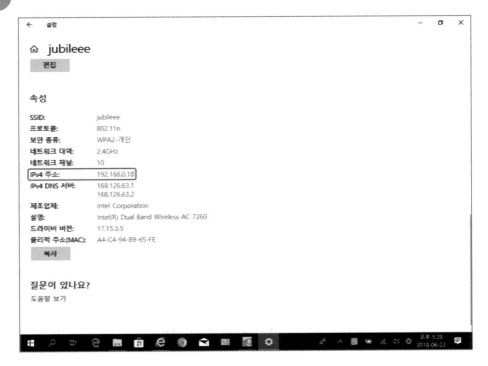

③ 다른 방법으로 IP주소를 확인하기 위해 [검색](🔍)을 클릭한 후 검색 창에 "cmd"라고 입력하고 검색 결과에 [명령 프롬프트] 앱이 검색되면 클릭하여 실행합니다.

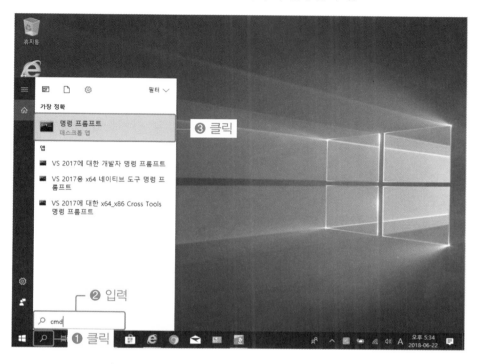

④ 명령 프롬프트 앱이 실행된 것을 확인합니다.

⑤ 커서가 깜박이면 "ipconfig"라고 입력한 후 Enter 를 누릅니다.

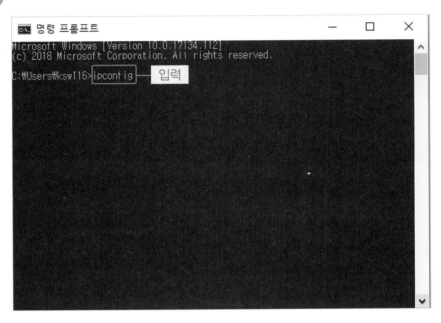

⑥ 필자는 무선 네트워크를 사용하고 있기 때문에 [무선 LAN 어댑터 Wi-Fi]의 'IPv4 주소'가 네트워크의 IP
주소에 해당됩니다. 네트워크가 유선으로 연결되어 있다면 [이더넷 어댑터 로컬 영역 연결]의 'IPv4 주소'
를 확인합니다.

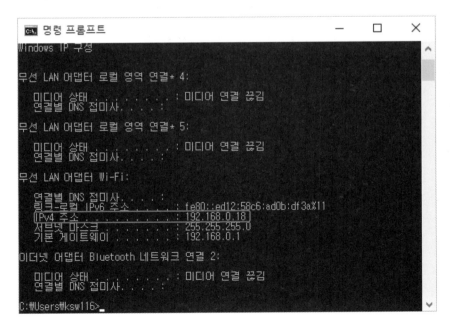

셀프 테스트

01 현재 사용 중인 PC의 네트워크 상태를 확인해 보세요.

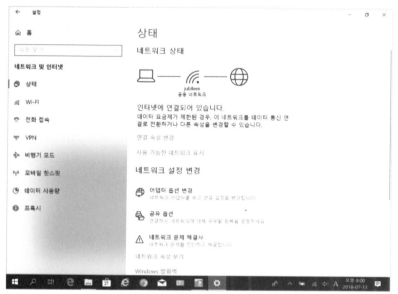

02 명령 프롬프트 앱을 이용하여 현재 사용 중인 PC에 연결된 네트워크의 IP주소를 확인해 보세요.

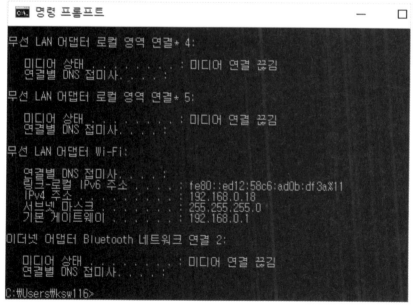

파일 및 폴더 공유하기

S·e·c·t·i·o·n

이번 장에서는 파일이나 폴더를 공유한 후 네트워크에서 제대로 공유되고 있는지 확인하는 방법에 대해 알아보겠습니다.

01 네트워크 파일 및 폴더 공유하기 ★

1 파일 탐색기를 실행한 후 공유할 폴더를 선택하고 **[홈]** 탭의 **[열기]** 그룹 중 **[속성]**(☑)을 클릭합니다.

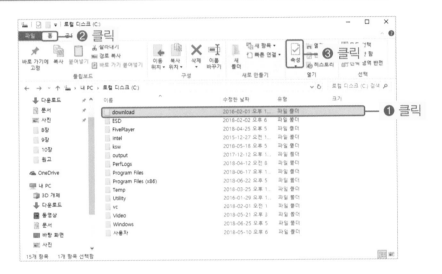

2 **[속성]** 대화상자에서 **[공유]** 탭을 선택한 후 **[공유]**를 클릭합니다.

3 폴더를 특정 사용자에게 공유하려면 사용자 계정을 입력하면 됩니다. 여기에서는 네트워크에 연결된 모든 사용자와 공유하기 위해 내림단추를 클릭합니다.

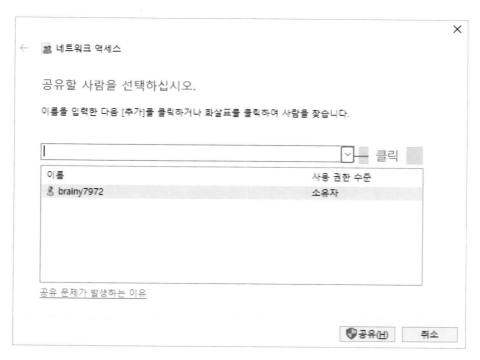

4 사용자 목록 중 [Everyone]을 선택한 후 [추가]를 클릭합니다.

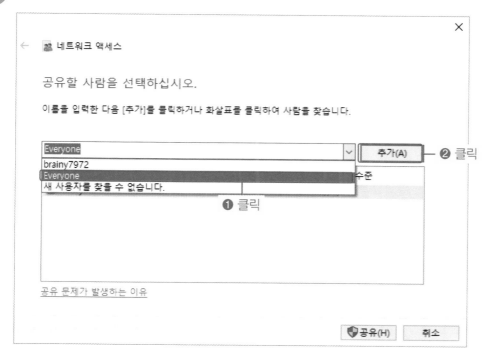

5 공유 폴더를 다른 사용자가 읽고 수정할 수 있게 하려면 **[읽기/쓰기]**를 선택한 후 **[공유]**를 클릭합니다.

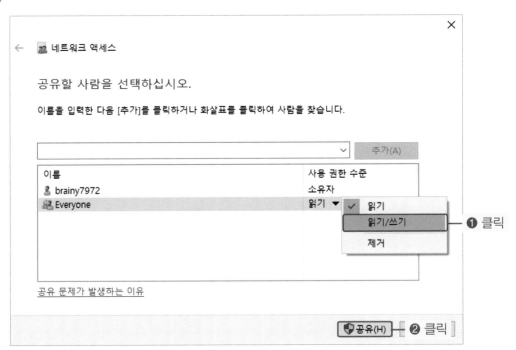

6 공유된 폴더와 네트워크 경로가 표시된 것을 확인한 후 **[완료]**를 클릭합니다.

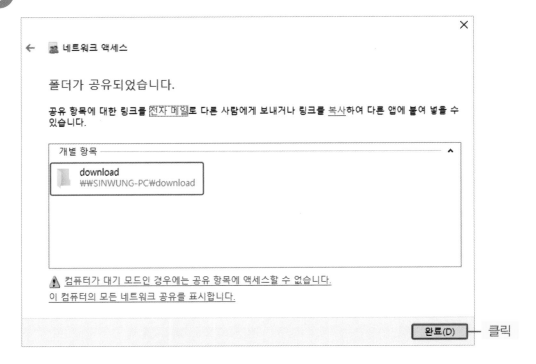

1 폴더 공유가 제대로 되었는지 확인하기 위해 파일 탐색기를 실행한 후 공유 폴더가 선택된 상태에서 **[홈]** 탭의 **[속성]**(☑) 클릭합니다.

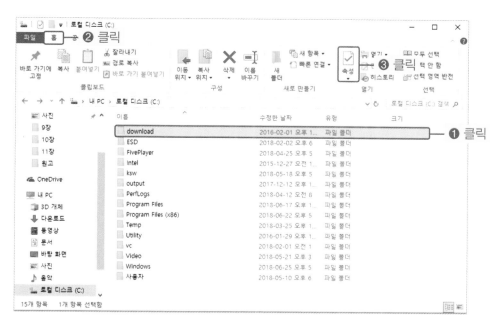

2 **[속성]** 대화상자의 **[네트워크 파일 및 폴더 공유]**에서 해당 폴더가 **'공유됨'**으로 설정되어 있고, **[네트워크 경로]**도 설정된 것을 확인할 수 있습니다.

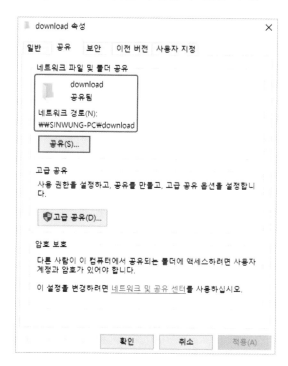

3 이번에는 파일 탐색기를 실행한 후 **[네트워크]**를 선택하고 사용자의 컴퓨터를 더블클릭합니다.

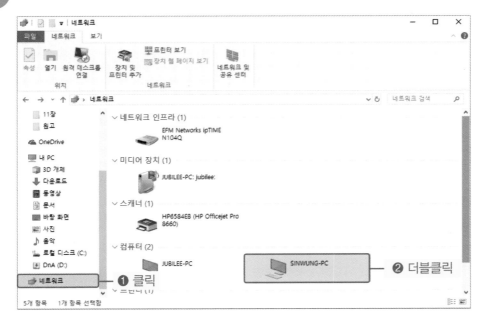

4 공유 폴더가 제대로 나타나는지 확인합니다.

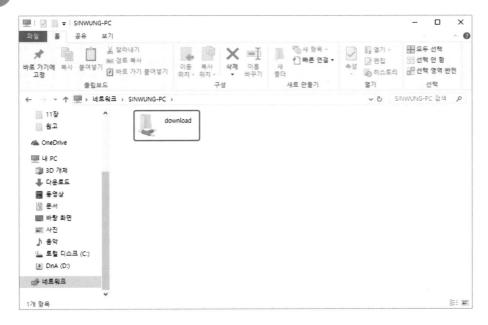

셀프 테스트

01 바탕 화면에 새 폴더를 추가한 후 폴더명은 '공유폴더', 공유 대상은 'Everyone', 사용권한 수준은 '읽기/쓰기'로 설정해 보세요.

02 '공유폴더'의 폴더 공유가 제대로 설정되었는지 확인해 보세요.

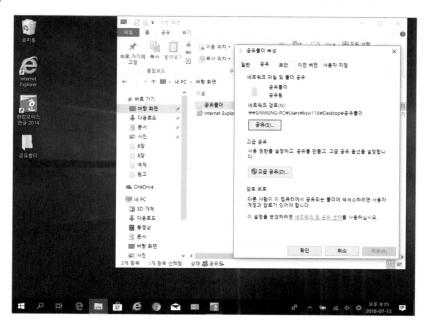

12 메일 앱 활용하기

S·e·c·t·i·o·n

이번 장에서는 Windows 10에 기본으로 설치되어 있는 메일 앱을 활용하여 계정을 추가해보고 메일을 주고받는 방법에 대해 알아보겠습니다.

01 메일 계정 추가하기 ★

1 메일 앱을 실행하기 위해 [**시작단추**](⊞)를 클릭한 후 '**메일**' 앱을 클릭합니다.

2 메일 계정을 추가하기 위해 좌측의 [**계정**](👤)을 클릭합니다.

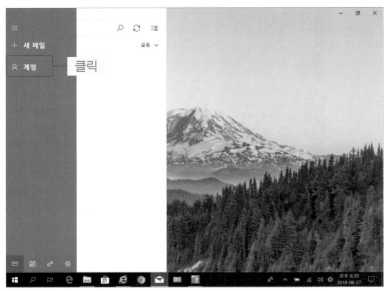

③ **[계정 관리]** 창에서 **[계정 추가]**를 클릭합니다.

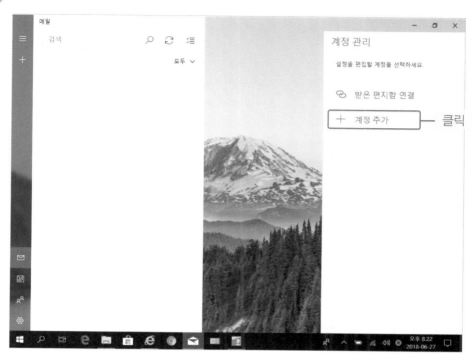

④ **[계정 추가]** 목록 중 추가할 계정을 선택합니다. 추가할 계정이 목록에 없으면 **[다른 계정]**을 선택합니다.

5 추가할 계정의 '**메일 주소**'와 '**사용자 이름**', '**암호**'를 입력한 후 [**로그인**]을 클릭합니다.

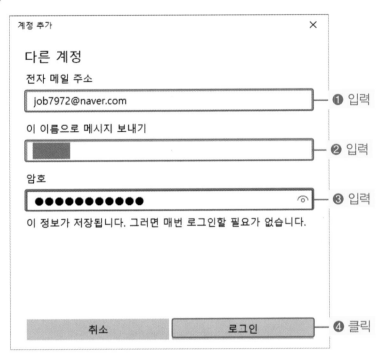

6 메일 계정이 추가된 것을 확인한 후 [**완료**]를 클릭합니다.

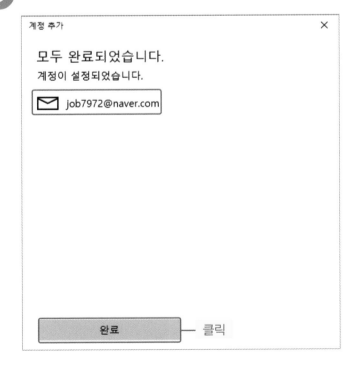

① 새로운 메일을 가져오기 위해 검색 창 옆의 **[동기화]**(↻)를 클릭합니다.

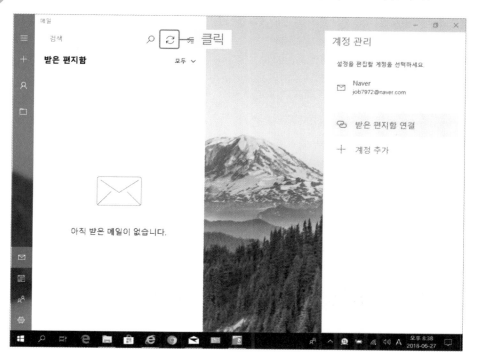

② 동기화가 완료되면 읽고 싶은 메일을 클릭하여 내용을 확인합니다.

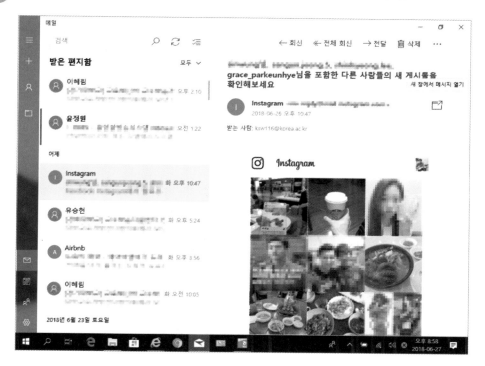

③ 이번에는 메일을 보내기 위해 [새 메일](➕)을 클릭한 후 '받는 사람 메일 주소'와 '메일 제목', '메일 내용'을 입력한 다음 [보내기]를 클릭합니다.

④ 메일이 제대로 보내졌는지 확인하려면 [모든 폴더](▢)-[보낸 편지함]을 클릭합니다.

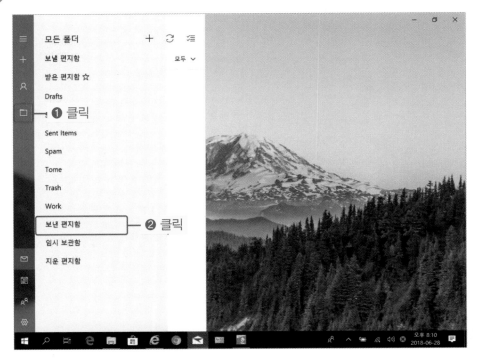

셀프 테스트

01 윈도우 10의 메일 앱을 이용하여 메일 계정을 추가해 보세요.

계정 추가   ×

다른 계정

전자 메일 주소

someone@example.com

이 이름으로 메시지 보내기

암호

이 정보가 저장됩니다. 그러면 매번 로그인할 필요가 없습니다.

취소   로그인

02 추가한 메일 계정으로 메일을 보내보세요.

Microsoft Edge 브라우저 활용하기

S·e·c·t·i·o·n

이번 장에서는 Windows 10에 기본으로 설치되어 있는 Microsoft Edge(MS 엣지) 브라우저를 실행하여 주요 사이트 및 내 피드를 설정하는 방법과 시작 페이지 지정하는 방법, 즐겨찾기를 추가하는 방법에 대해 알아보겠습니다.

01 주요 사이트 및 내 피드 설정하기 ★

1 MS 엣지 브라우저를 실행하기 위해 **[시작단추](⊞)**를 클릭한 후 타일 목록에서 'Microsoft Edge' 앱을 클릭합니다.

2 주요 사이트에 자주 이용하는 사이트를 추가하려면 **[사이트 추가]**를 클릭합니다.

③ [**웹 사이트 또는 URL 추가**]에 자주 이용하는 사이트 주소를 입력한 후 [**추가**]를 클릭합니다. 여기에서는
"**네이버(http://naver.com)**"를 추가해 보겠습니다.

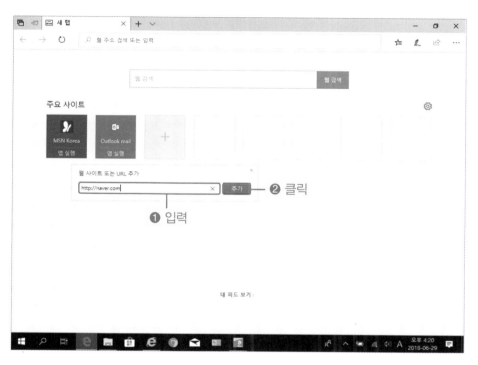

④ 주요 사이트에 방금 추가한 네이버가 등록된 것을 확인할 수 있습니다. 주요 사이트 및 내 피드를 설정하
기 위해 [**사용자 지정**](⚙)을 클릭합니다.

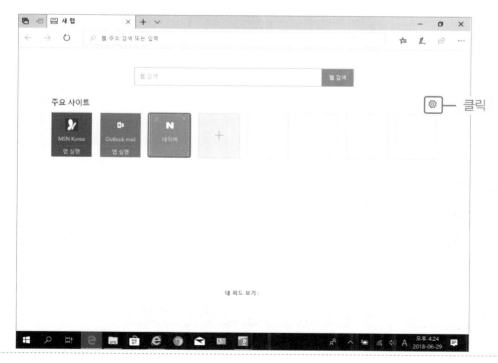

5 [사용자 지정] 대화상자에서 [페이지 표시 설정]은 '주요 사이트 및 내 피드'를 선택한 후 아래쪽 관심 주제에서 원하는 관심 주제를 선택한 다음 [저장]을 클릭합니다. 여기에서는 '뉴스'를 선택해 보겠습니다.

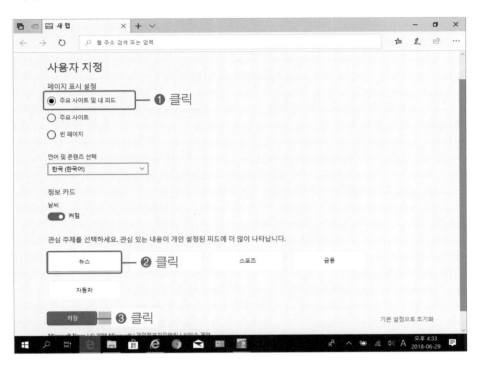

6 새 탭을 클릭하면 주요 사이트 및 뉴스와 관련된 내 피드가 같이 나타난 것을 확인할 수 있습니다.

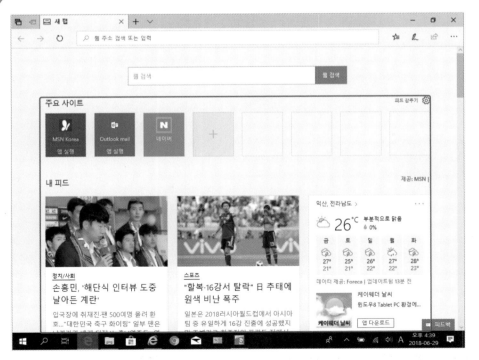

02 시작 페이지 지정하기 ★

1 MS 엣지 브라우저를 실행했을 때 처음 보이는 사이트를 시작 페이지로 지정하기 위해 **[기타]**(…)를 클릭한 후 **[설정]**을 선택합니다.

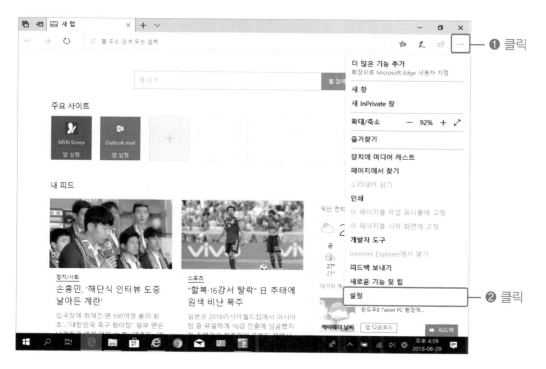

2 **[다음 프로그램으로 Microsoft Edge 열기]** 목록에서 **[특정 페이지]**를 선택합니다.

3 시작 페이지로 지정하고 싶은 사이트 주소를 입력한 후 [저장](🖫)을 클릭합니다. 여기에서도 **'네이버 (http://naver.com)'**를 시작 페이지로 지정해 보겠습니다.

4 MS 엣지 브라우저를 종료한 후 다시 실행하면 시작 페이지가 '네이버'로 지정된 것을 확인할 수 있습니다.

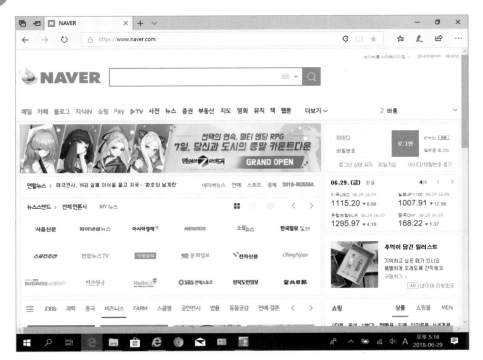

1 '구글 사이트(https://www.google.com)'에 접속한 후 현재 사이트를 즐겨찾기에 추가하기 위해 **[즐겨찾기 또는 읽기 목록에 추가]**(☆)를 클릭합니다.

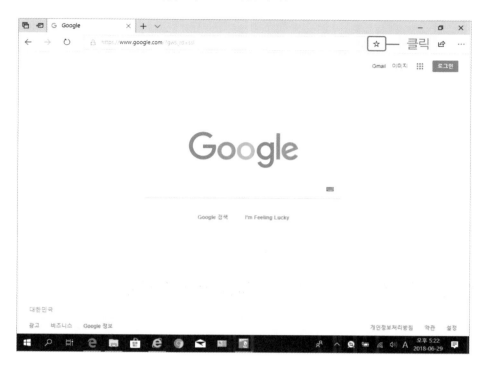

2 **'이름'**과 **'저장 위치'**를 지정한 후 **[추가]**를 클릭합니다.

5 즐겨찾기에 추가하면 **[즐겨찾기 또는 읽기 목록에 추가]**(☆) 단추가 노란색으로 변경됩니다. 즐겨찾기 목록을 확인하기 위해 **[허브]**(✦≣)를 클릭합니다.

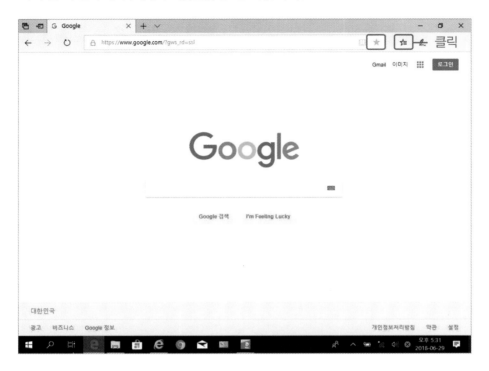

6 즐겨찾기 목록에 '구글(Google)'이 추가된 것을 확인할 수 있습니다.

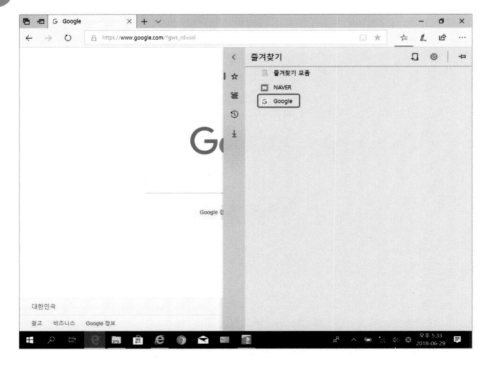

셀프 테스트

01 MS 엣지 브라우저의 주요 사이트에 '다음(http://www.daum.net)' 사이트를 추가한 후 새 탭을 열었을 때 '주요 사이트'가 표시되도록 해보세요.

02 다음 사이트에 접속한 후 즐겨찾기에 추가해 보세요.

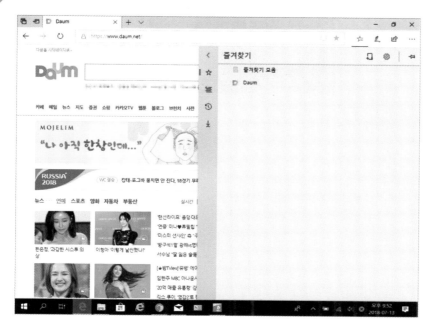

Internet Explorer 11 브라우저 활용하기

S·e·c·t·i·o·n

이번 장에서는 Internet Explorer(인터넷 익스플로러)를 기본 브라우저로 지정하는 방법과 시작화면 및 작업 표시줄에 Internet Explorer(인터넷 익스플로러)를 고정하는 방법에 대해 알아보겠습니다.

01 기본 브라우저 지정하기 ★

1 인터넷 익스플로러를 기본 브라우저로 지정하기 위해 [시작단추](⊞)를 클릭한 후 [설정](⚙)을 클릭합니다.

2 [Windows 설정] 대화상자에서 [앱](▤)을 클릭합니다.

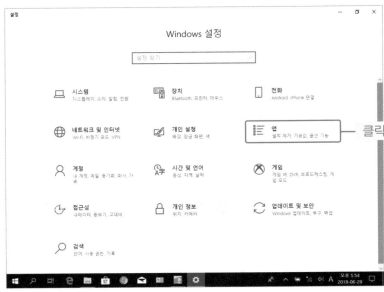

③ 앱 목록 중 [기본 앱]을 선택한 후 현재 기본 웹 브라우저로 설정되어 있는 [Microsoft Edge]를 클릭합니다.

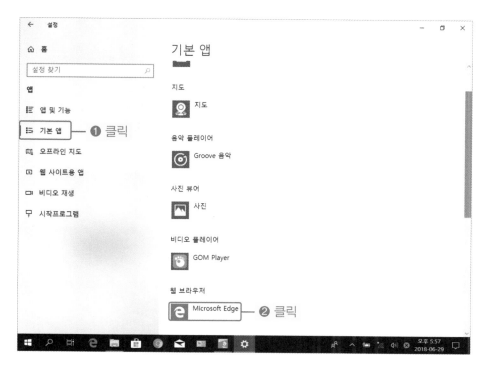

④ [앱 선택] 목록에서 [Internet Explorer]를 선택하면 인터넷 익스플로러가 기본 웹 브라우저로 지정됩니다.

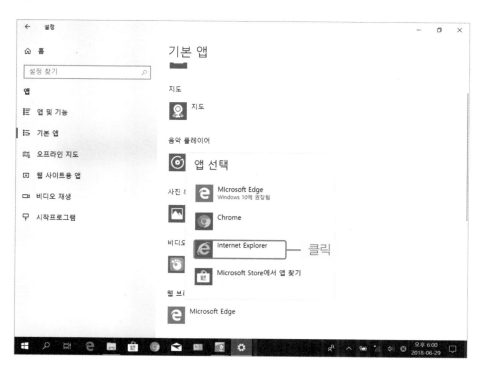

1 작업 표시줄의 [검색](🔍)을 클릭한 후 검색 창에 "internet"을 입력하여 검색결과에 "Internet Explorer"가 검색되면 마우스를 대고 오른쪽 단추를 클릭합니다.

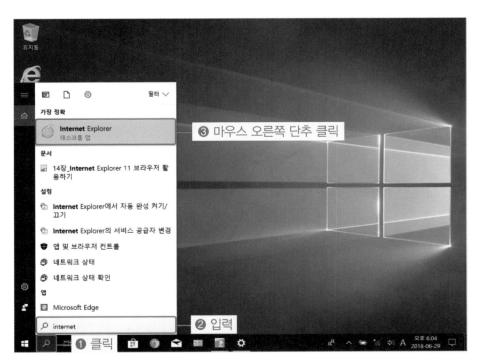

2 드롭다운 메뉴 중 [시작 화면에 고정]을 선택합니다.

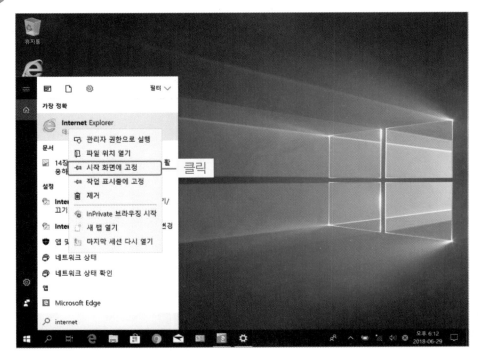

③ [시작단추](⊞)를 클릭한 후 타일 목록의 스크롤을 맨 아래로 내리면 인터넷 익스플로러가 등록된 것을 확인할 수 있습니다.

④ 이번에는 인터넷 익스플로러를 작업 표시줄에 고정하기 위해 [검색](🔎)을 클릭한 후 검색 창에 "internet"을 입력하여 "Internet Explorer"가 검색되면 마우스 오른쪽 단추를 클릭합니다.

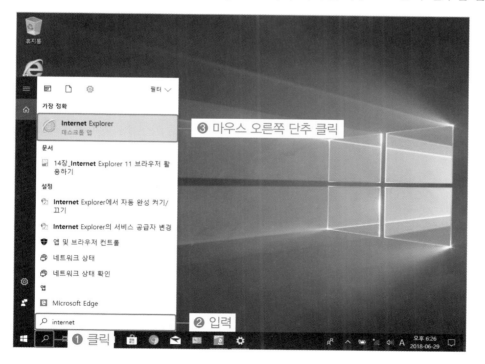

⑤ 드롭다운 메뉴 중 **[작업 표시줄에 고정]**을 클릭합니다.

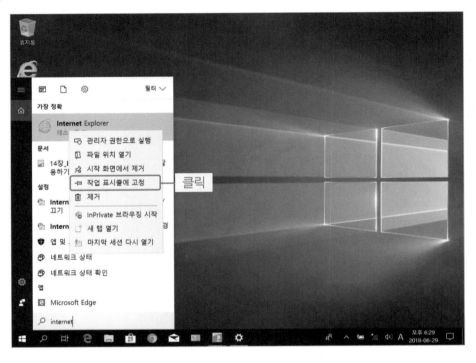

⑥ 작업 표시줄에 인터넷 익스플로러가 고정된 것을 확인할 수 있습니다.

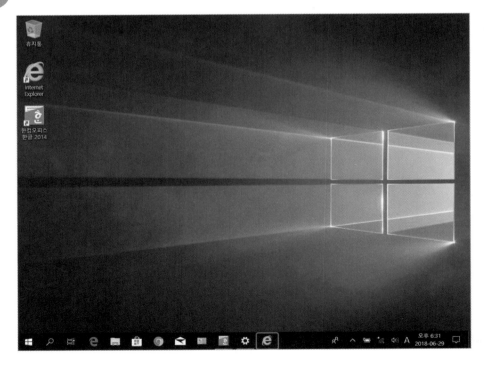

01 구글 '크롬(Chrome)'을 기본 웹 브라우저로 설정해 보세요.

02 구글 '크롬(Chrome)'을 시작 화면의 타일 목록에 고정해 보세요.

OneNote 앱 활용하기

S·e·c·t·i·o·n

이번 장에서는 Windows 10에서 기본으로 제공하고 있는 OneNote(원노트) 앱을 실행해보고 전자 필기장 만드는 방법과 섹션을 관리하는 방법에 대해 알아보겠습니다.

01 전자 필기장 만들기 ★

1 원노트 앱을 실행하기 위해 **[시작 단추](⊞)**를 클릭한 후 타일 목록에서 **[OneNote]** 앱을 클릭합니다.

2 원노트 앱을 사용하기 위해 마이크로소프트 계정을 입력한 후 **[다음]**을 클릭하여 로그인합니다. 계정이 없다면 **'새로 만드세요.'**를 클릭합니다.

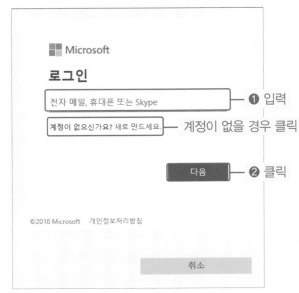

③ 원노트 앱이 실행되면 전자 필기장을 만들기 위해 **이전 버튼(〈)**을 클릭합니다.

④ 분할된 화면이 나오면 맨 왼쪽 아래의 **[공책]**을 클릭합니다.

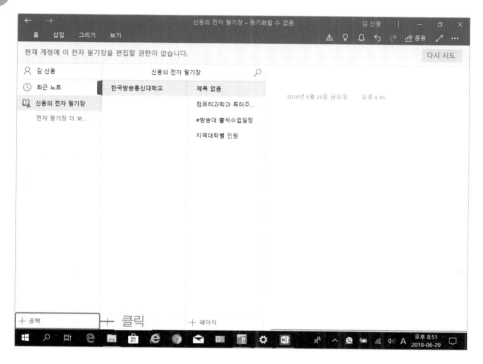

⑤ **[새 전자 필기장]** 대화상자에서 추가할 전자 필기장의 이름을 **"강의노트"**라고 입력한 후 **[전자 필기장 만들기]**를 클릭합니다.

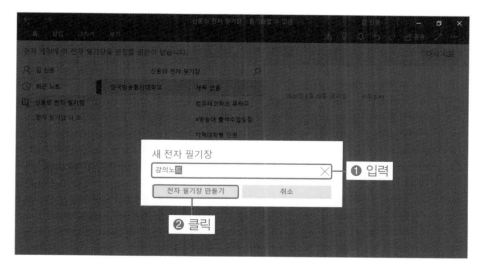

6 **'강의노트'**라는 제목으로 전자 필기장이 생성된 것을 확인할 수 있습니다.

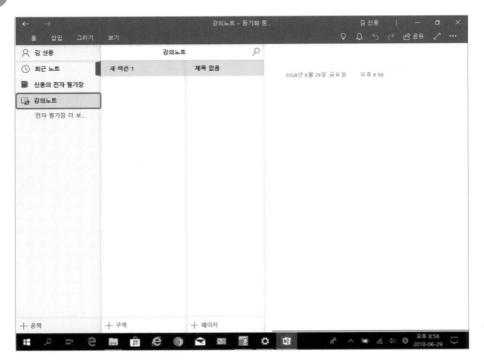

02 섹션 관리하기 ★

1 섹션을 추가하기 위해 **[구역]**을 클릭한 후 새로운 섹션이 생성되면 **"윈도우10"**이라고 입력합니다.

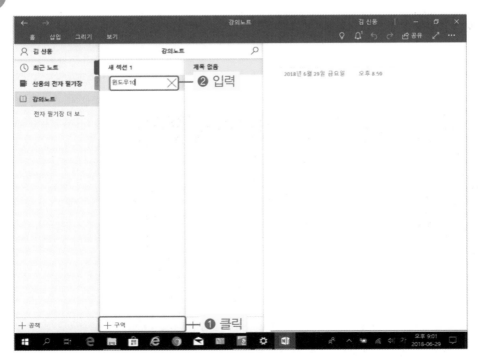

② 섹션을 삭제하려면 **'새 섹션 1'**에 마우스 오른쪽 단추를 클릭한 후 **[섹션 삭제]**를 클릭합니다.

③ 섹션의 이름을 변경하려면 섹션 이름에 마우스 오른쪽 단추를 클릭한 후 **[섹션 이름바꾸기]**를 클릭합니다.

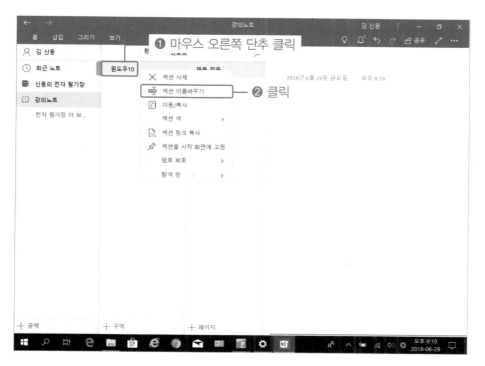

④ **"윈도우10"**을 **"Windows 10"**으로 변경하고 **Enter** 를 누릅니다.

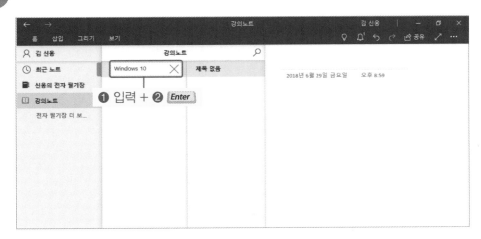

⑤ 페이지에 제목과 내용을 입력하기 위해 분할된 화면의 맨 오른쪽 영역을 클릭한 후 제목은 **"원노트 활용하기"**, 내용은 **"섹션 관리 Tip"**이라고 입력합니다.

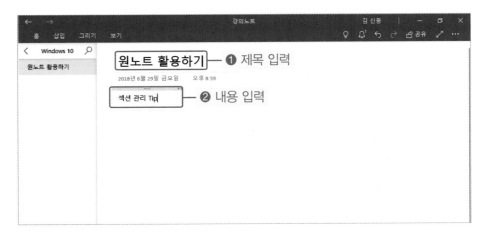

⑥ **이전 버튼(<)**을 클릭해보면 강의노트는 **'전자 필기장'**, Windows 10은 **'섹션'**, 원노트 활용하기는 **'페이지'**로 구분되어있는 것을 확인할 수 있습니다.

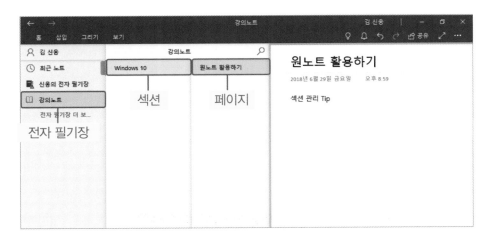

01 원노트 앱을 실행한 후 '가계부'라는 이름으로 전자 필기장을 만들어 보세요.

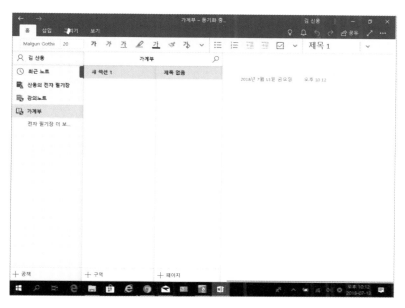

02 '가계부' 전자 필기장에 아래와 같이 섹션과 페이지를 추가해 보세요.

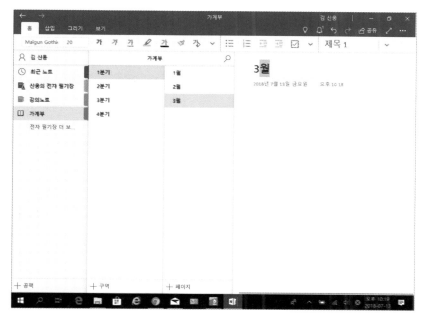

16 블로그 시작하기

S·e·c·t·i·o·n

이번 장에서는 블로그를 처음으로 사용하기 위해 네이버에 회원가입한 후 네이버 아이디로 블로그에 들어가는 방법에 대해 알아보겠습니다.

01 네이버 회원가입하기 ★

1 네이버 블로그를 사용하기 위해 네이버에 접속한 후 회원가입을 클릭합니다.

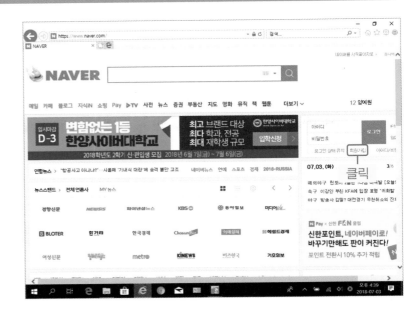

2 이용약관 및 개인정보 수집, 위치정보 등 필요한 항목만 체크한 후 **[동의]**를 클릭합니다.

3 아이디, 비밀번호, 이름 및 생년월일을 입력합니다.

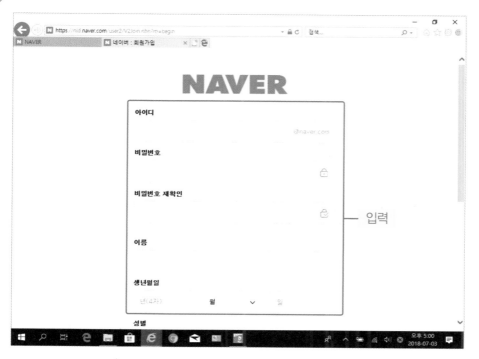

4 성별, 본인 확인 이메일, 휴대전화, 인증번호를 입력한 후 **[가입하기]**를 클릭합니다.

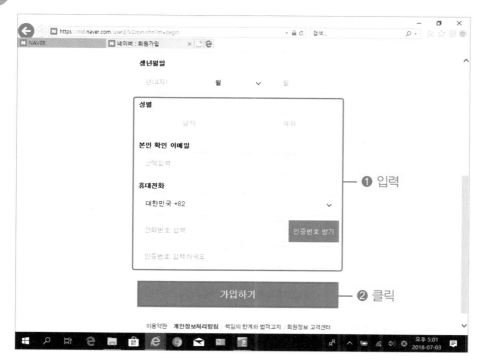

1 회원가입이 완료되면 내 블로그에 들어가기 위해 로그인한 후 **[블로그]**를 클릭합니다.

2 **[내 블로그]**를 클릭하여 블로그로 들어갑니다.

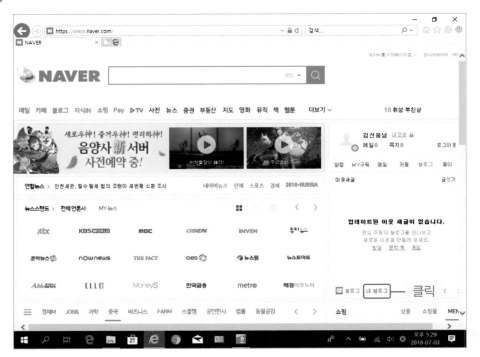

③ 처음 블로그에 들어갔을 때의 모습을 확인할 수 있습니다.

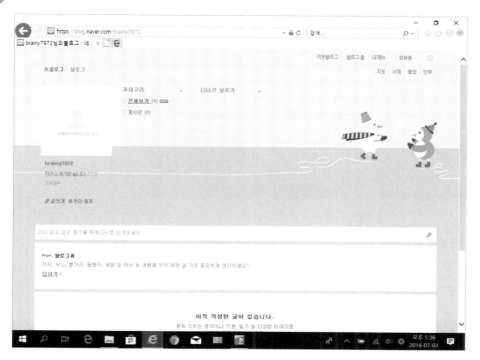

④ 다른 방법으로 내 블로그에 들어가려면 네이버 첫 화면에서 [블로그] 메뉴를 클릭합니다.

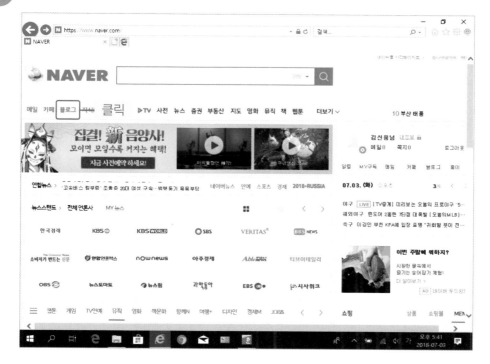

5 블로그 홈에서 우측의 [내 블로그]를 클릭합니다.

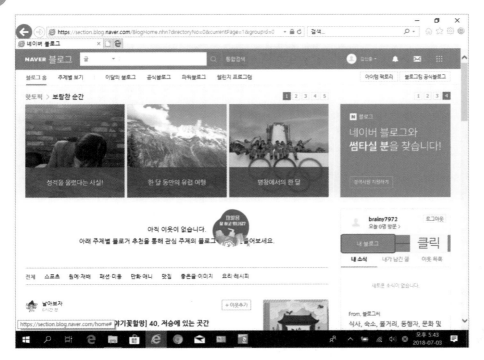

6 이전에 블로그에 들어갔을 때와 같은 페이지가 나타난 것을 확인할 수 있습니다.

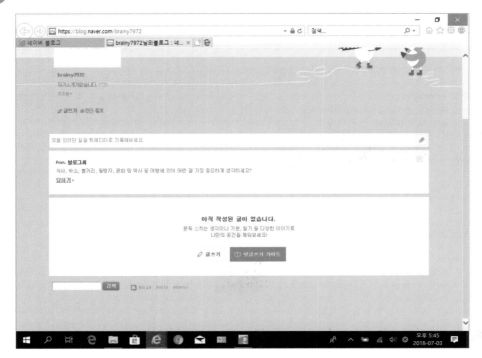

셀프 테스트

01 네이버(https://www.naver.com) 사이트에 접속한 후 회원가입해 보세요.

02 네이버 아이디로 자신의 블로그에 들어가 보세요.

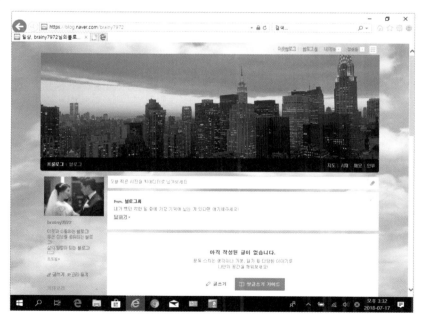

17
S·e·c·t·i·o·n

블로그 기본정보 설정하기

이번 장에서는 블로그의 기본정보를 관리하고 블로그 내에 카테고리를 만드는 방법에 대해 알아보겠습니다.

01 기본정보 관리하기 ★

1 내 블로그 화면에서 상단의 **[내 메뉴]**를 클릭한 후 **[관리]**를 선택합니다.

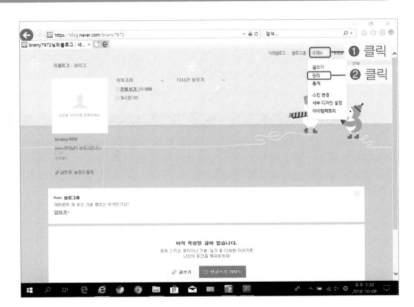

2 블로그 정보에서 **"제목"**, **"별명"**, **"소개글"**을 간단하게 입력합니다.

③ 블로그 프로필 사진을 등록하기 위해 [**등록**]을 클릭합니다.

④ [**이미지 첨부**] 대화상자가 열리면 [**찾아보기**]를 클릭합니다.

⑤ [**업로드할 파일 선택**] 대화상자에서 사진을 선택한 후 [**열기**]를 클릭합니다.

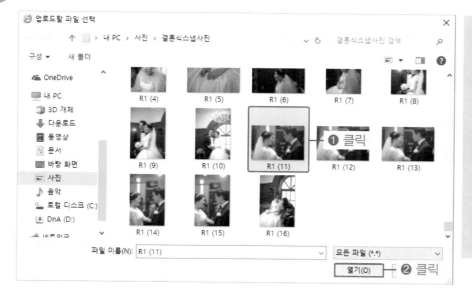

블로그는 개인 관심사에 맞게 자유롭게 자료를 올릴 수 있는 웹 사이트이지만 블로그에 게시하는 사진과 이미지, 글은 저작권이 허용된 것과 허용되지 않은 것들이 있습니다.

본 교재에 사용된 이미지들은 저자의 개인 사진들이므로 예제 이미지를 제공하지 않습니다. 블로그를 개설하여 게시하는 자료들은 사용자의 개인 컴퓨터에 사용된 이미지로 사용해 주시길 바랍니다.

⑥ **[이미지 첨부]** 대화상자가 다시 열리면 **[확인]**을 클릭합니다.

⑦ **[블로그 프로필 사진]**에 사진이 등록된 것을 확인한 후 **[확인]**을 클릭합니다.

⑧ 내 블로그 홈으로 돌아가서 프로필 사진이 제대로 적용되었는지 확인합니다.

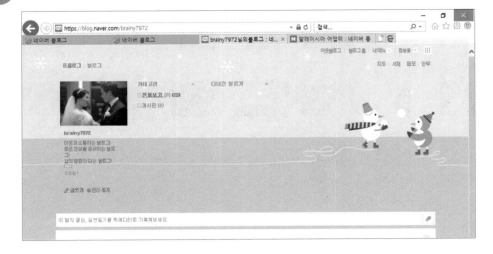

02 카테고리 만들기 ★

1 블로그에 카테고리를 만들려면 카테고리 영역의 [EDIT]를 클릭합니다.

2 [카테고리 추가]를 클릭하여 카테고리명을 입력합니다.

3 불필요한 게시판을 삭제하려면 삭제하려는 게시판을 선택하고 **[삭제]**를 클릭한 후 **[확인]**을 클릭합니다.

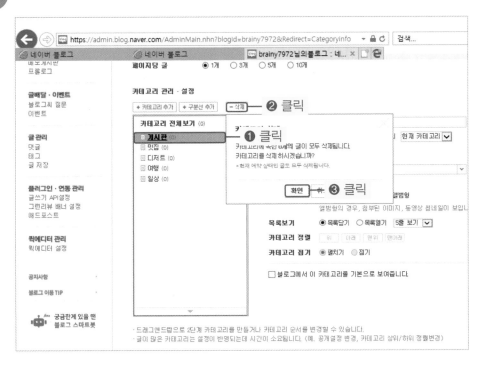

4 **'일상'**을 기본 카테고리로 지정하려면 **'일상'**을 선택하고 **'블로그에서 이 카테고리를 기본으로 보여줍니다'** 항목에 체크한 후 **[확인]**을 클릭합니다.

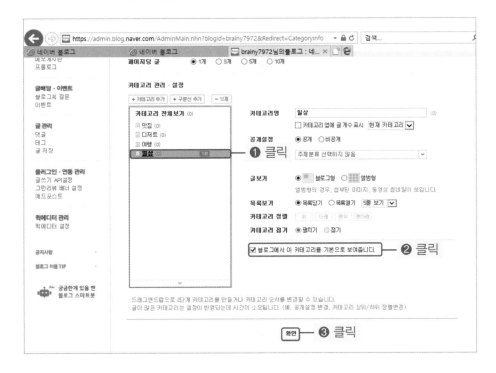

01 네이버 블로그에 자신의 프로필 사진을 등록해 보세요.

02 네이버 블로그에 아래와 같이 카테고리를 만들어 보세요.

카테고리명 : 맛집 / 디저트 / 여행 / 일상

블로그 레이아웃과 위젯 설정하기

S·e·c·t·i·o·n

이번 장에서는 블로그의 레이아웃을 다양하게 설정하는 방법과 달력, 지도, 카운터 등과 같이 편리하게 사용할 수 있는 위젯을 설정하는 방법에 대해 알아보겠습니다.

01 레이아웃 설정하기 ★

1 블로그에 레이아웃을 설정하기 위해 프로필 영역 아래에 위치한 [관리]를 클릭합니다.

2 [꾸미기 설정] 테마의 [디자인 설정] 항목 중 [레이아웃 · 위젯 설정]을 선택합니다.

③ 현재 설정되어 있는 레이아웃이 나타난 것을 확인할 수 있습니다.

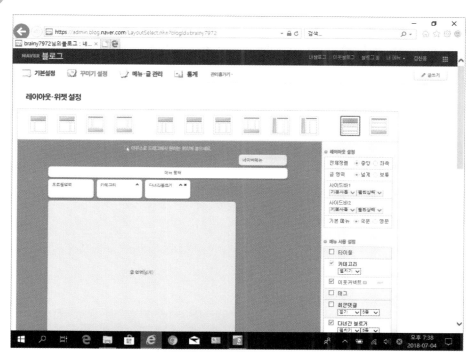

④ 다른 레이아웃으로 변경하기 위해 첫 번째 레이아웃을 선택한 후 레이아웃 변경과 관련한 메시지 창이
나오면 **[확인]**을 클릭합니다.

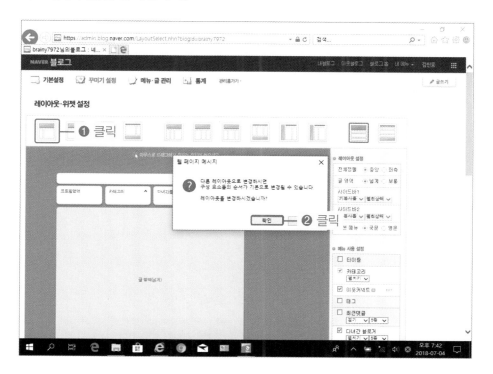

5 선택한 레이아웃이 마음에 들면 마우스를 이용하여 스크롤을 맨 아래로 내립니다.

스크롤 이동

6 선택한 레이아웃을 블로그에 반영하기 위해 **[적용]**을 클릭합니다. 레이아웃을 블로그에 적용하겠냐는 메시지 창이 나오면 **[확인]**을 클릭합니다.

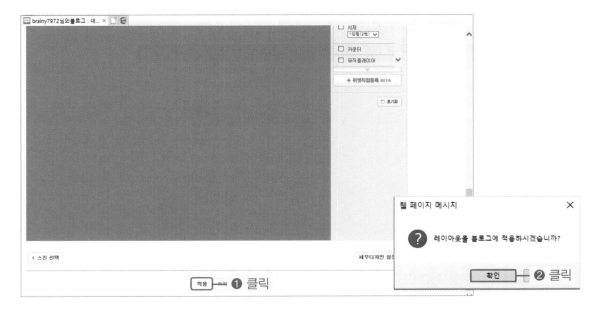

웹 페이지 메시지 ✕

? 레이아웃을 블로그에 적용하시겠습니까?

확인 ── ② 클릭

적용 ── ① 클릭

7 블로그에 레이아웃이 제대로 적용되었는지 확인합니다.

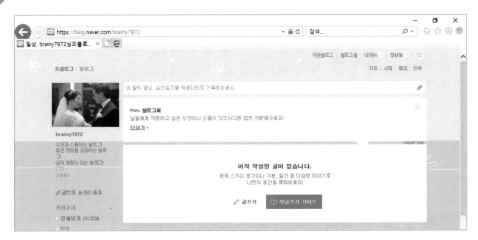

02 위젯 설정하기

1 블로그에 위젯을 설정하기 위해 프로필 영역 아래의 **[관리]**를 클릭합니다.

2 **[꾸미기 설정]** 테마의 **[디자인 설정]** 항목 중 **[레이아웃 · 위젯 설정]**을 선택합니다.

③ 스크롤을 아래로 내린 후 [위젯 사용 설정] 항목에서 '달력', '지도', '카운터'에 체크합니다.

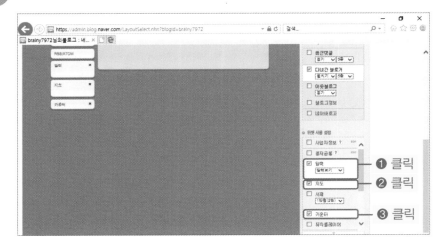

④ 위젯을 적용하기 위해 스크롤을 맨 아래로 내린 후 [적용]을 클릭합니다. 레이아웃을 블로그에 적용하겠냐는 메시지 창이 나오면 [확인]을 클릭합니다.

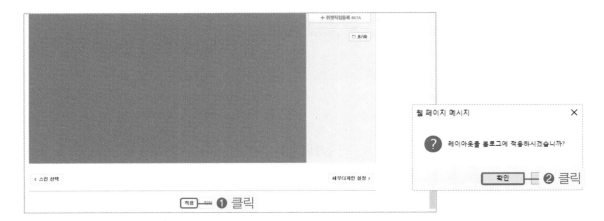

⑤ 블로그에 위젯이 제대로 적용되었는지 확인합니다.

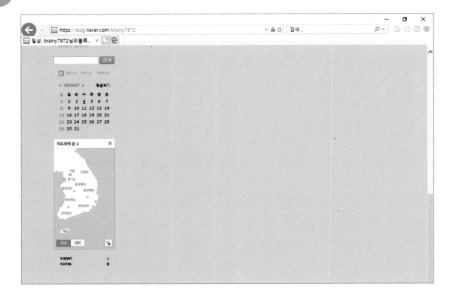

01 네이버 블로그의 레이아웃을 아래와 같이 설정해 보세요.

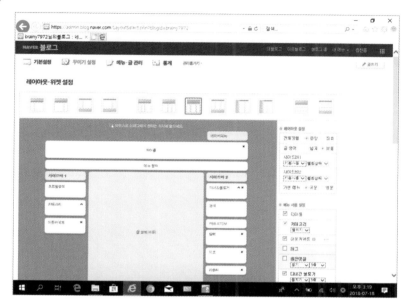

02 네이버 블로그에 아래와 같이 '달력', '지도', '카운터' 위젯을 설정해 보세요.

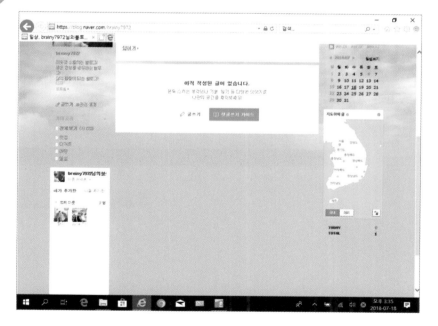

19
S·e·c·t·i·o·n

리모컨으로 세부 디자인 설정하기

이번 장에서는 블로그의 스킨 배경과 타이틀 및 메뉴 디자인을 설정하는 방법에 대해 알아보겠습니다.

01 스킨 배경 설정하기 ★

1 블로그의 스킨 배경을 설정하기 위해 **[내 메뉴]**의 **[세부 디자인 설정]**을 클릭합니다.

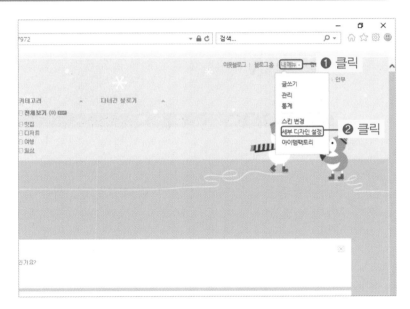

2 상단 우측에 리모콘이 나타나면 마음에 드는 스킨 배경을 선택할 수 있습니다. 여기에서는 첫 번째 디자인을 선택해보겠습니다.

• **스타일** : 네이버 블로그에서 기본으로 제공하는 디자인을 배경으로 꾸밀 수 있습니다.
• **컬러** : 한 가지 색상만을 배경으로 꾸밀 수 있습니다.
• **직접등록** : 파일 첨부를 이용하여 사용자의 이미지 파일을 배경으로 꾸밀 수 있습니다.

③ 선택한 디자인을 미리보기로 확인하고 [적용]을 클릭한 후 세부 디자인 적용에 관한 메시지 창이 나오면 [적용]을 클릭합니다.

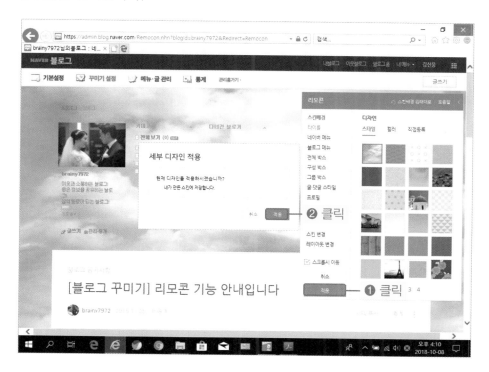

④ 블로그에 스킨 배경이 제대로 적용되었는지 확인합니다.

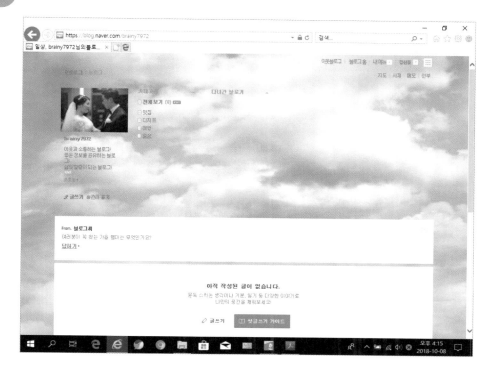

① 블로그에 타이틀 디자인을 설정하기 위해 좌측 프로필 영역 아래의 **[관리]**를 선택합니다.

② **[꾸미기 설정]** 테마의 **[디자인 설정]** 항목 중 **[레이아웃·위젯 설정]**을 선택합니다.

③ 레이아웃·위젯 설정에서 우측의 **'타이틀'**에 체크합니다.

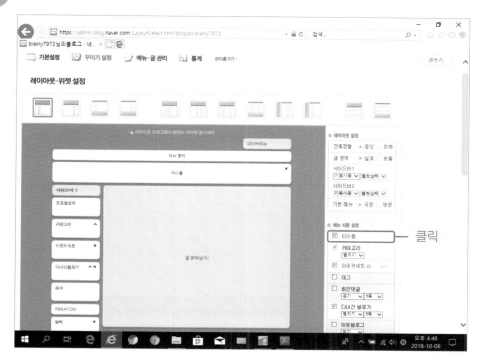

④ 스크롤을 맨 아래에 이동한 후 **[적용]**을 클릭한 다음 레이아웃을 블로그에 적용하겠냐는 메시지 창이 나오면 **[확인]**을 클릭합니다.

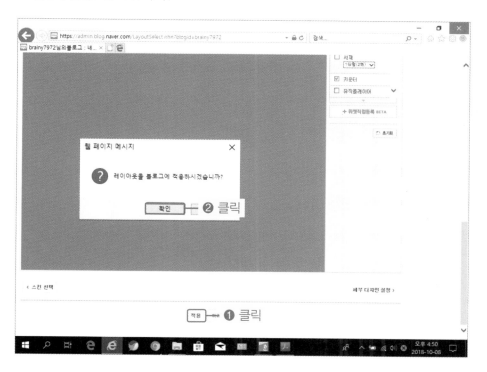

⑤ 블로그 상단의 [내 메뉴] 항목 중 [세부 디자인 설정]을 선택합니다.

⑥ 리모콘이 나타나면 [타이틀]을 선택하고, 네 번째 이미지를 선택한 후 [적용]을 클릭합니다. 세부 디자인 적용에 관한 메시지 창이 나오면 [적용]을 클릭합니다.

7 타이틀 디자인이 제대로 적용되었는지 확인합니다.

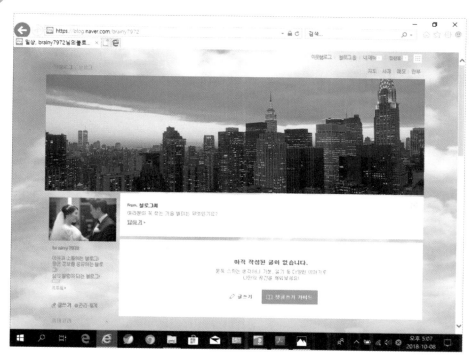

03 | 메뉴 디자인 설정하기 ★

1 블로그에 메뉴 디자인을 설정하기 위해 **[내 메뉴]**의 **[세부 디자인 설정]**을 선택합니다.

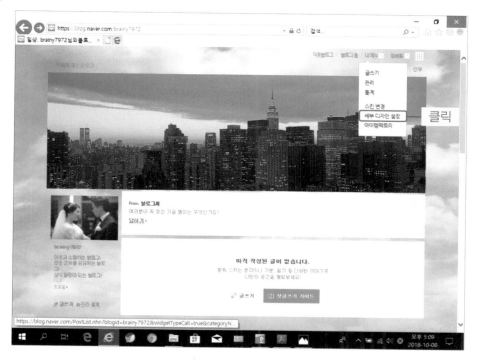

② 리모콘이 나타나면 [블로그 메뉴]를 선택한 후 다섯 번째 디자인을 선택한 다음 [적용]을 클릭합니다. 세부 디자인 적용에 관한 메시지 창이 나오면 [적용]을 클릭합니다.

③ 블로그에 메뉴 디자인이 제대로 적용되었는지 확인합니다.

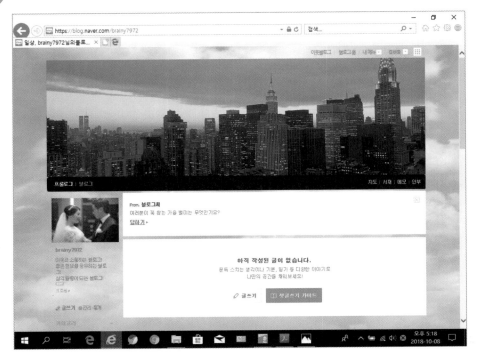

01 네이버 블로그의 스킨배경을 아래와 같이 설정해 보세요.

02 네이버 블로그의 타이틀 디자인을 아래와 같이 설정해 보세요.

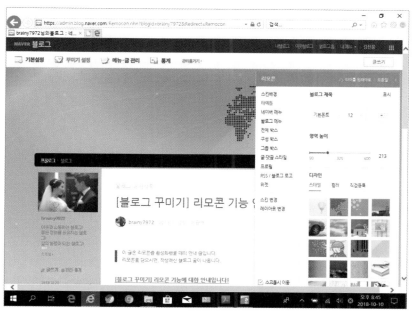

포스트 쓰기 및 이웃 블로그 방문하기

S·e·c·t·i·o·n 20

이번 장에서는 내 블로그에 포스트를 쓰는 방법과 이웃 블로그를 방문하여 댓글을 달거나 공감하는 방법, 이웃 추가하는 방법에 대해 알아보겠습니다.

01 포스트 쓰기 ★

1 블로그에 포스트를 쓰기 위해 [글쓰기]를 클릭합니다.

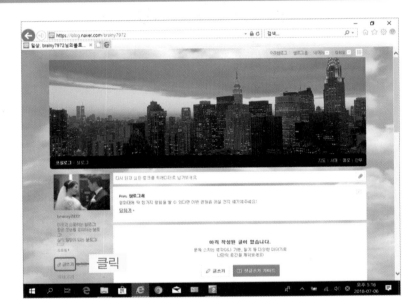

2 포스트의 제목과 내용을 입력합니다.

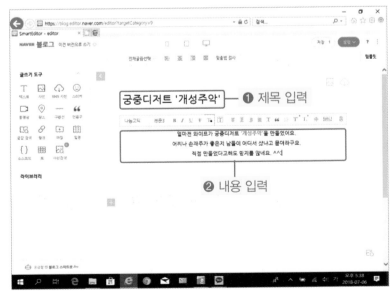

③ 사진을 첨부하기 위해 [글쓰기 도구]에서 [사진]을 선택한 후 [업로드할 파일 선택]에서 사진 파일을 선택하고 [열기]를 클릭합니다.

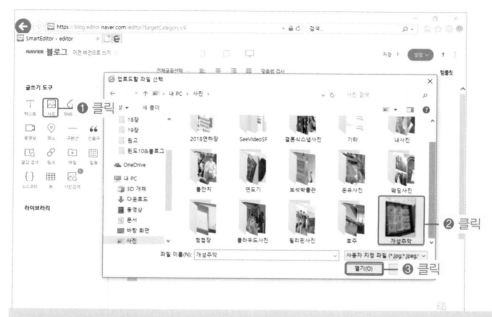

블로그는 개인 관심사에 맞게 자유롭게 자료를 올릴 수 있는 웹 사이트이지만 블로그에 게시하는 사진과 이미지, 글은 저작권이 허용된 것과 허용되지 않은 것들이 있습니다.

본 교재에 사용된 이미지들은 저자의 개인 사진들이므로 예제 이미지를 제공하지 않습니다. 블로그를 개설하여 게시하는 자료들은 사용자의 개인 컴퓨터에 사용된 이미지로 사용해 주시길 바랍니다.

④ 사진이 제대로 첨부되었는지 확인합니다.

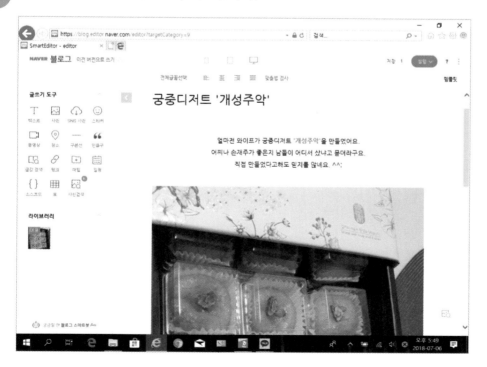

⑤ 스크롤을 맨 아래로 내려서 태그 부분에 포스트 내용과 관련 있는 키워드를 입력한 후 **[발행]**을 클릭합니다. 태그는 최대 10개까지 입력할 수 있습니다.

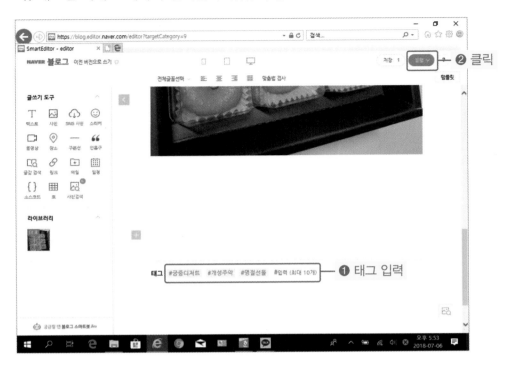

⑥ 카테고리를 지정한 후 **'공개범위'**, **'댓글/공감/검색허용'**, **'블로그/카페 보내기'**, **'외부 보내기 허용'**, **'기본값 유지'**, **'공지사항 등록'** 등 원하는 조건을 설정한 다음 **[발행하기]**를 클릭합니다.

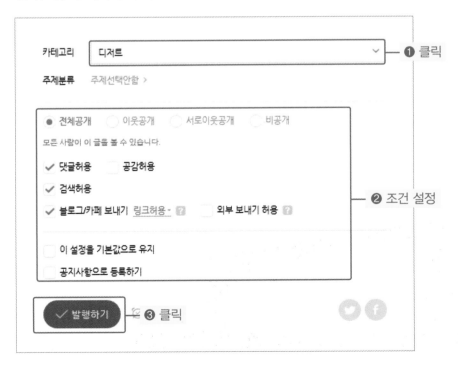

7 블로그에 포스트가 제대로 반영되었는지 확인합니다.

8 포스트를 수정하거나 삭제하려면 스크롤을 아래로 내린 후 **[수정]** 또는 **[삭제]**를 클릭합니다.

02 이웃 블로그 방문하기

1 이웃 블로그를 방문하기 위해 이웃 커넥트에 추가된 이웃을 클릭합니다.

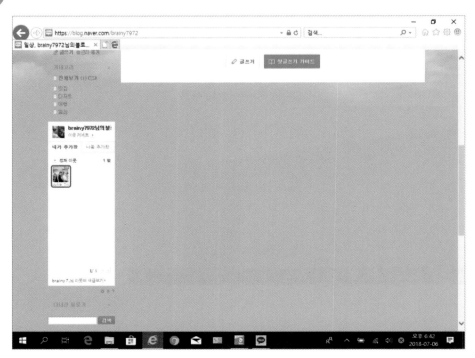

2 이웃 블로그에 방문하여 이웃의 포스트를 확인합니다.

③ 댓글을 달기 위해 [**댓글쓰기**]를 클릭한 후 댓글을 입력한 다음 [**등록**]을 클릭합니다.

④ 댓글이 제대로 적용되었는지 확인합니다.

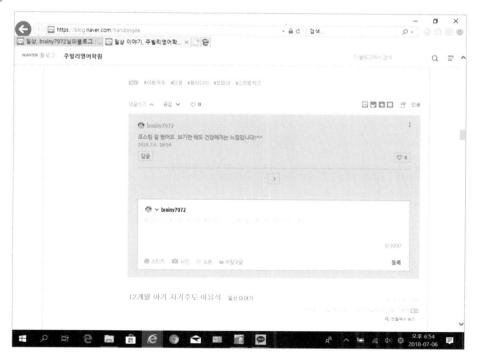

5 포스트에 **'공감'** 또는 **'좋아요'**를 보내려면 하트를 클릭합니다.

6 관심 있는 블로그를 방문하여 이웃으로 추가하려면 프로필 영역 아래의 **[이웃추가]**를 클릭합니다.

⑦ 이웃으로 추가하기 위해 [**이웃**]을 선택한 후 [**다음**]을 클릭합니다. 서로이웃은 상대방이 동의해야만 맺어집니다.

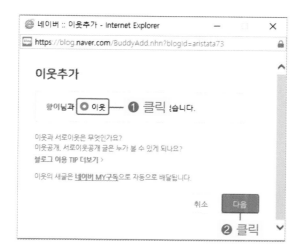

⑧ 추가할 그룹을 선택한 후 [**다음**]을 클릭합니다. 이웃 추가가 완료되면 [**닫기**]를 클릭합니다.

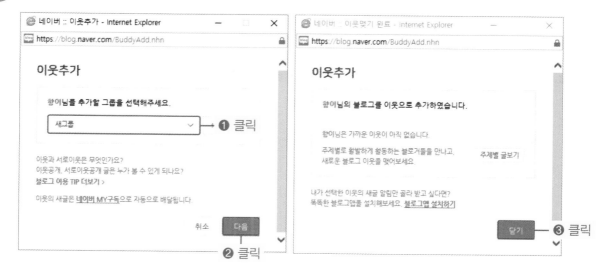

⑨ 내 블로그로 돌아와서 이웃 커넥트를 확인해보면 방금 이웃으로 추가한 블로그가 나타난 것을 확인할 수 있습니다.

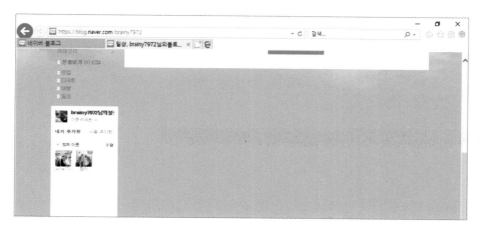

셀프 테스트

01 네이버 블로그에 일상 글이나 관심주제로 포스트를 작성해 보세요.

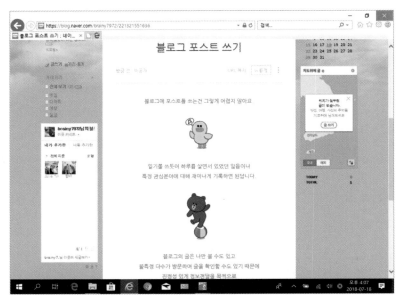

02 이웃 블로그에 방문하여 포스트를 확인한 후 댓글을 남겨 보세요.